JN072972

70歳定年延長サバイバル

引退しちゃう人 引退しない人

〜カギは「50歳」からのBQ（身体知能）向上にあり〜

株式会社ボディチューン・パートナーズ代表取締役社長
阿部George雅行

プレジデント社

はじめに

人間五十年、化天の内を比ぶれば、夢幻のごとくなり
一度生を受け、滅せぬ物のあるべきか
これを菩提の種と思ひ定めざらんは、口惜しかりき次第ぞ……

1560年、弱冠27歳の織田信長は日頃から好む幸若舞「敦盛」の一節を謡い舞うと、2万5000人の今川義元軍に戦いを挑むため、わずか6騎で清洲城を出陣したという——。ご存じ、桶狭間の戦いの一場面です。

現在の50代、そして未来の50代のビジネスパーソンに贈る本を執筆したいと考えたとき、真っ先に著者の頭に浮かんだのがこの「敦盛」の一節でした。

「人間《じんかん》五十年」を「人間の寿命はせいぜい50年だ」の意味と思っている方もいらっしゃるかもしれませんが、そうではありません。「人間」とは「人の世」の意、その後の「化天《けてん》（下天）」とは仏教における天上世界の一つを指し、その世界では一昼夜が人間世

界の50年に相当するとされています。すなわち、人間世界の50年は天上世界ではわずか一昼夜、まさに夢幻のようなもの。そして、私たち人間は一度生を受けたら、必ず死を迎える定めにある。だからこそ、この瞬間を精一杯生きようではないか。「敦盛」の一節にはこうしたメッセージが込められていると言われています。

人間世界における50年といえば、戦後間もないころの日本人の平均寿命でした。しかしその後、平均寿命は着実に延び続け、２０１９年の平均寿命は男性81・41歳、女性87・45歳で、前年に比べてそれぞれ0・16歳、0・13歳延びています。リンダ・グラットンの著書『ＬＩＦＥ ＳＨＩＦＴ─１００年時代の人生戦略』（東洋経済新報社）が世界中でベストセラーになりましたが、氏によれば２００７年に日本で生まれた子どもについては１０７歳まで生きる確率が50%もあるといいます。

「人生50年時代」「人生80年時代」を経て、今や私たちは「人生１００年時代」を迎えようとしているわけです。それに伴い、定年も55歳から60歳、60歳から65歳へと延長され、さらに２０２１年4月からは70歳に段階的に引き上げられることとなりました。

そして、戦後間もないころは「寿命」、すなわち命の限界であった50代は、今や「人生の折り返し地点」、仕事でもプライベートでももう一花も二花も咲かせられる年齢となったのです。

その一方で、私たちは「年をとればとるほど体力は衰える」「年をとればとるほど思考力は落ちる」「年をとればとるほど仕事のパフォーマンスは下がる」などと考えがちです。実際に著者は年間で1万人近く、第一線で活躍するビジネスパーソンの方々と研修やセミナーでご一緒していますが、50代の方たちの多くがこうした思い込みを持っておられます。

しかし、本当にそうでしょうか？　例えば、体力は筋力の有無に大きく左右されますが、筋力はたんぱく質を摂取して軽い刺激を与えれば年をとってもそれほど落ちません。実際、著者は50代中盤ですが、筋力は落ちておらず、調子のよいときはいまだに2分間で80回の腕立て伏せを行うことができます。また、脳は鍛え続ければ年をとっても衰えないということもさまざまな研究で明らかになっています。

では、何が老化を進行させるのでしょう？　それはずばり、あなたの思い込みです。自分自身が老化してきていると思うから老化が進行するのです。そして、老化を感じるもっとも身近な事象は体力の減少などの体の変化であり、裏返せば体の状態を改善できたなら、思い込みによる老化の加速も止められる――ということです。

人生１００年時代、70歳定年時代はもうすぐそこです。

自分は老化しているなどという思い込みを捨て、この新たな時代を果敢に生き抜くためのエネルギーと情熱をもう一度取り戻しましょう。

50代のビジネスパーソンの皆さんが仕事でもプライベートでもいつまでも潑溂と活躍されるように、そして皆さんの部下の方々がいつか50代を迎えたときに、人生100年時代を生き抜くためのエネルギーと情熱をこの本を手にとっておられる皆さんから、アドバイスされたことを思い出していただけるように、本書が貢献できたならばこれ以上の喜びはありません。

人間五十年、化天の内を比ぶれば、夢幻のごとくなり
一度生を受け、滅せぬ物のあるべきか

もたもたしている時間はありません。
始めるのは「今日」です。

ボディチューン・パートナーズ代表　阿部George雅行

引退しちゃう人・引退しない人　目次

はじめに……002

第1章
50代にBQが求められるワケ……009

シニア・ビジネスパーソンこそ、最強の戦力になり得る！……010
最強の戦力となるために身につけるべき第3の能力とは？……016
健康経営──、巷にあふれる3つの大間違い！……021
プレゼンティズム、社員の不健康が招く大損失……027
50代のビジネスパーソンにBQ向上が必要な3つの理由……032
Withコロナ時代、免疫力の多寡が生死を分ける……036

第2章
BQの基礎知識を知る……041

BQを構成する「6つの要素」とは何か？……042

「体調」「体力」「体質」——、SOMAのディテールを理解する……048
「体形」「体勢」「体動」——、BODYのディテールを理解する……053
大切なのは、6Tの中の優先順位を明確にすること……058
タバコは麻薬以上の依存性物質であると知る……063
新型コロナウイルスが私たちに突きつけたものとは？……069

第3章 自らのBQを高める！……075

「自分は変われる」と信じることがすべての出発点……076
BQ向上に向けて押さえるべき3つの基本……080
睡眠に対するプライオリティを一番に置く……084
口から取り入れるものに関して無自覚になってはいないか⁉……087
テレワーク環境下でビジネスパーソンに必要な運動とは？……092
今こそ、ビジネスパーソンとしての課題を解決する！……098
どんな状況でも結果を出せる脳をつくる……108
脳の力を最大限に引き出す、しなやかな心を育む……118

第4章 チームのBQをアップする！……131
100歳まで使える体心脳をメンバーに手渡す……132
チームのBQを知ることからすべてが始まる……135
チーム一丸となってゴールを目指すために……142
メンバー一人ひとりの健康にアプローチする……149

第5章 VUCA時代にこそ生かすBQリーダーシップ……161
企業がVUCA時代を生き抜く切り札となるもの……162
テレワーク環境下で求められるBQリーダーシップとは？……166
多様性あるチームをまとめる全世界・全世代共通のフレームワーク……173
2045年のシンギュラリティ以降、BQはさらに重要となる……179
最強のビジネスパーソンになって、次世代にバトンを渡す……182

おわりに……189

第1章

50代にBQが求められるワケ

シニア・ビジネスパーソンこそ、最強の戦力になり得る！

70歳定年時代到来 ～政府・企業・ビジネスパーソンそれぞれの思惑は？

いよいよ70歳定年時代が幕を開けようとしています。

２０２０年３月、70歳までの就業機会の確保を企業の努力義務とする、通称「70歳定年法」が国会で成立し、２０２１年４月から施行されることとなったのです。

政府がシニア層の就労を促す最大の要因は、少子高齢化の進展による生産年齢人口（15歳以上65歳未満の人口）の減少です。生産年齢人口は１９９０年代をピークに減少を続け、２０２０年３月時点で７４８１万３０００人と前年よりも39万５０００人減少。今後もさらに減少し、２０６０年には４４１８万人になると推計されています（図1）。

生産年齢人口の減少は労働力不足のみならず、国内需要の減少による経済規模の縮小、医療・介護費の増大、国際競争力の低下などさまざまな問題を引き起こす可能性があり、その対応策の一つとして政府は70歳までの定年延長に踏み切ったわけです。

一方、企業側は70歳定年時代の到来をどうとらえているのでしょう。

従来は、年功序列で年齢が上がればそれだけ高い給与を支給しなければならず、またいつまでもシニア社員に会社に居残られては若い世代が昇進できないなどの理由から60歳定年制などを設けていました。

しかし、時代は変わって若い世代の人口はどんどん減少する傾向にあります。そうした環境下においても売上の伸長や持続的成長を目指す企業としては、貴重な労働力としてシニア社員に

図1 ｜ 生産年齢人口は今後さらに減少する

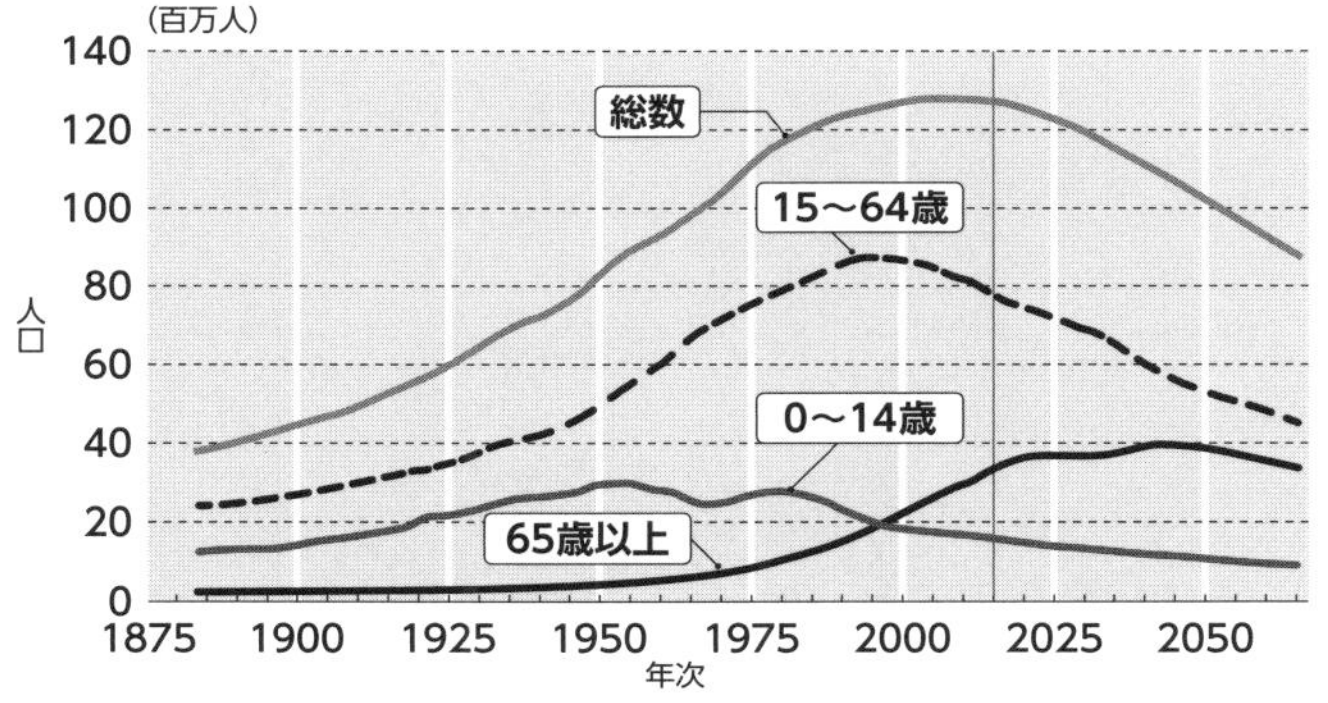

総務省統計局「国勢調査」および国立社会保障・人口問題研究所「日本の将来推計人口」(平成29年推計)による。
国立社会保障・人口問題研究所「人口統計資料集(2020)」

残ってほしいと考えるでしょう。もちろん今まで通りの給与を払い続けることは難しくても、ある程度コストが抑えられ、かつシニア社員が体力的に問題なければ、たとえ年齢が高くとも豊富な知識やスキル、経験を有する社員に働いてほしいと考えるのは当然のことだと思います。すなわち、70歳定年制度は国の思惑だけでなく、企業の思惑とも合致しているということです。

最後に、当事者であるシニア社員の立場から考えてみましょう。

「はじめに」でも述べた通り、戦後まもなくは50代が寿命でしたが、栄養状態や生活環境の改善などにより日本人の寿命は年々伸びています。

また、ひと昔前は60代というと高齢者というイメージが強かったものですが、現代の60代は高齢者と呼ぶのを躊躇するほど元気で若々しい印象です。それは科学的にも証明されており、日本老年学会は２０１５年6月に「最新データでは高齢者の身体機能や知的能力は年々若返る傾向にあり、現在の高齢者は10～20年前に比べて5～10歳は若返っていると想定される」という声明を出しています。つまり、現在の70歳は、20年前の60歳に匹敵するほど若いということでしょう。

そうしたシニア層にとって、働く場――すなわち自分の知識やスキル、経験を生かしながらパフォーマンスを発揮でき、周囲の人たちからの承認を得られる場――があり、かつある程度の給与が得られるとしたら70歳定年制は望むところではないでしょうか。従前はシニア層が働きたいと望んでも企業側に受け皿がなかったわけですが、現在は国も企業もシニア層の就労を後押ししているのですから、70歳定年、いや、2030年ごろには80歳定年も十分にあり得ると著者は考えています。

ビジネスパーソンの不安の根源は「老化」にあり！

では、50代のビジネスパーソンは70歳定年時代の到来をどう受け止めているのでしょうか。研修やセミナーなどでお会いする方々に話を聞くと、70歳までがんばろうと前向きに考えている人と早めにリタイアしたいと考えている人は半々ぐらいであり、後者の早めのリタイアを望む人が若干多いように感じます。そして、その方たちの多くが、70歳まで自分は戦力でいられるだろうかという不安を抱えておられます。

なぜそうした不安が湧き上がるのか。その不安の根源は、まさに「老化」にあります。つまり、「昔に比べて無理がきかなくなった」「年を経るごとに疲れやすくなってきた」などの老化を感じることで、自分は仕事でパフォーマンスを発揮できないのではないか、いつか戦力外通告を受けるのではないかといった不安が湧き上がってきているのです。そして、そうした不安を感じている人に限って「老化は仕方がないことだ」と諦めてしまっています。

しかし、著者は年齢を重ねたシニア・ビジネスパーソンこそ、ビジネスにおいて最強の戦力になり得ると確信しています。その理由を氷山の図を使って説明しましょう（図2）。ご存じのように、氷山は全体の7分の1が水面から出ているにすぎず、大部分は水面下にあります。この水面から出ている一角がビジネスのパフォーマンスや成果だとすると、水面下にはこれらを支えるものがあり、それは水面に近いほうから「経験」「知識」「スキル」「マインド」となります。この水面下の4

図2 仕事における パフォーマンスを支える4つの要素

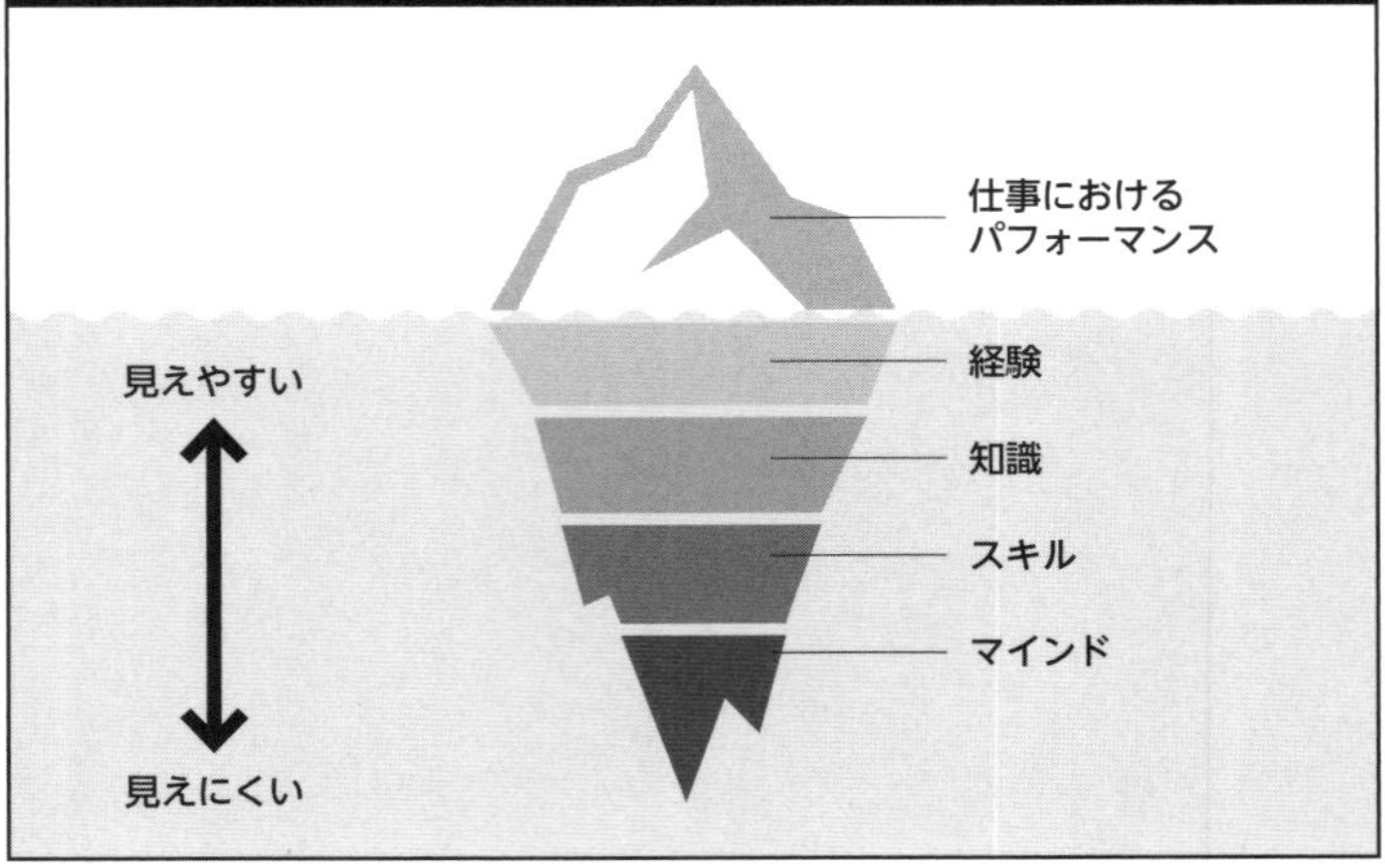

つの要素をシニア社員と若手社員で比べてみたらどうでしょう。シニア社員は若手社員よりも豊富な経験があり、知識もスキルも勝り、会社に対する愛着心や忠誠心、いわゆるエンゲージメント（愛着・思い入れ）という意味でのマインドも兼ね備えている。

つまり、シニア・ビジネスパーソンはすべての面において優っているということです。

そのとき、シニア・ビジネスパーソンは最強の戦力となる

では、若手社員と比べ、シニア社員が劣っているものは何か。それは、ずばり体力です。老化による体力の低下。これこそが唯一、若手社員に劣る要素なのです。

確かに、老化による体力低下を完全に止める手立ては現在のところありません。しかし、老化による体力低下を可能な限りゆっくり緩やかにし、若手社員と同等あるいはそれ以上の体力を維持することは十分可能です。そうすれば、「昔に比べて無理がきかなくなった」「年を経るごとに疲れやすくなってきた」などの老化を感じることもなくなるはずです。同時に、自分は仕事でパフォーマンスを発揮できないのではないか、いつか戦力外通告を受けるのではないかといった不安も解消されることでしょう。

そして、そのときシニア・ビジネスパーソンはまさに最強の戦力となるのです。

最強の戦力となるために身につけるべき第3の能力とは？

ＩＱ・ＥＱの土台となるＢＱとは何か？

ビジネスの成功や人生を豊かにするために必要な3つの能力をご存じでしょうか？

一つ目は、お馴染みのＩＱ（Intelligence Quotient＝知能指数）ですね。いわゆる頭の良さを示す指数で、一般的にＩＱが高ければ学習や仕事でも優れたパフォーマンスを発揮するといわれてきました。二つ目は、ＥＱ（Emotional Intelligence Quotient＝感情知能）です。ＥＱは感情のコントロールや対人能力、社会性の高さを示す知能指数といわれ、ＥＱが高いと仕事の成功や人間関係の構築に役立つとされています。

そして、3つ目が本書のテーマであるＢＱ（Body Intelligence Quotient）、すなわち「身体の知能指数（身体知能）」です。身体知能といっても、マラソンのタイムが速いかどうかといった運動能力のことではありません。ＢＱとはビジネスパーソンが仕事におけるパフォーマンスを最大にする上で必要不可欠となる健康の維持・向上にフォーカスした知識やスキル、考え方を指し、「BQが高い」ということは「免疫力が高い」「疲れづらい」「若々しい」とほぼ同義ということができるでしょう。

BQとは、IQ　EQに続く、ビジネスの成功や人生を豊かにするために必要な第3の能力であり、なおかつIQとEQの土台となるものです。なぜなら、体の健康に不安がある状態では、どれほど高いIQを持っていたとしても100％の能力を発揮することはできません。同じく、体の健康が保たれていなければ、感情のコントロールも乱れてしまいます。BQが低い状態はEQやIQにも悪影響をおよぼし、結果として仕事におけるパフォーマンスも低くなるということです。

ここで、「仕事におけるパフォーマンス」とは何かについて定義しておきましょう。仕事におけるパフォーマンスは、「創造力」「論理力」「共感力」「集中力」という4つのスキルに因数分解することができます（図3）。

新たなアイデアでビジネス機会を創出したり、顧客の期待を超えるクリエイティブな企画を立案したりといったスキルが創造力であり、VUCAといわれる今の時代においては4つのスキルの中でもっとも重要かつ難易度が高いといえます。次に重要なのが、その立案したアイデアをビジネスに落とし込んでいく際に求められる論理力です。ビジネスに落とし込むまでの合理的な筋道を明確にし、それを会議やプレゼンなどでわかりやすく説明できるスキルです。

3つ目に重要なのが共感力です。新たなアイデアをビジネスに落とし込むには会社やチームなど周囲を巻き込むことが不可欠であり、そのためには相手を承認・傾聴・共感し、相手からの信頼を得るスキルが必要となります。

そして、これら3つのいずれを発揮するときも必要となるのが集中力です。これは目の前の業務にフロー状態で集中し、業務時間内の作業効率を向上させるスキルといえます。

図3 仕事におけるパフォーマンスを構成するスキル

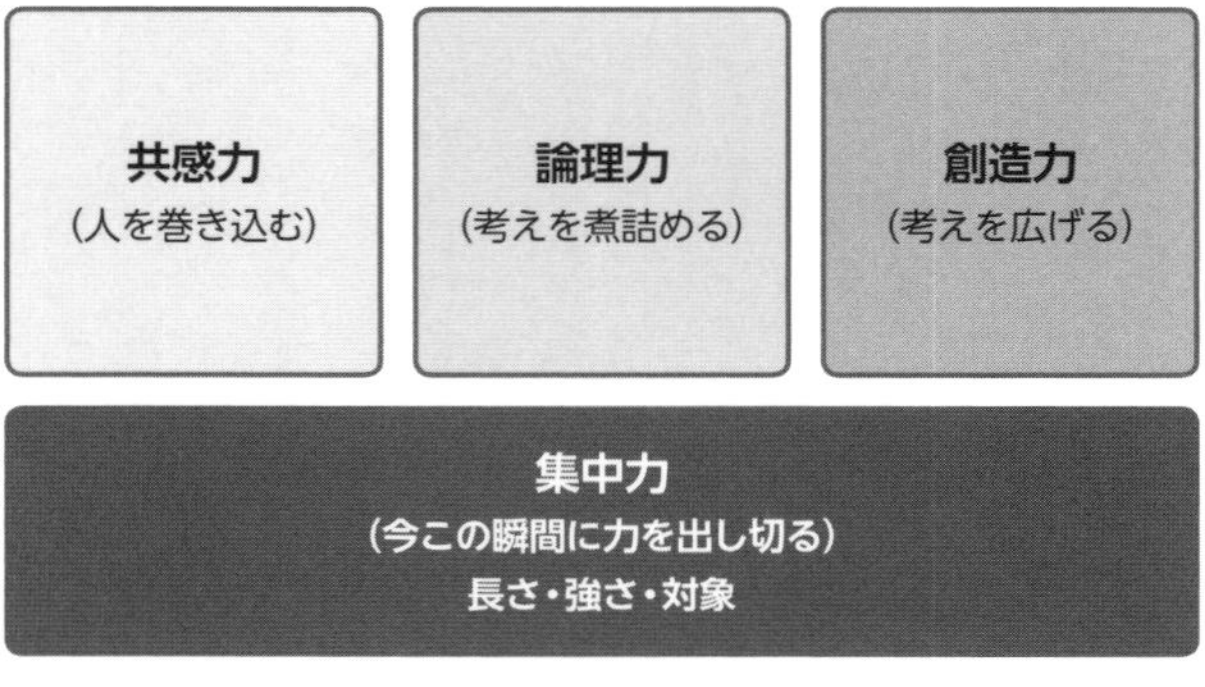

BQから手をつけるべき、これだけの理由

多くのビジネスパーソンが陥りがちな失敗は、いきなり仕事におけるパフォーマンスの向上――創造力、論理力、共感力、集中力の向上――を目標に掲げることです。これは、目標は掲げてみたものの、まず何から手をつけてよいかがわからず、やる気が空回りする典型的なパターンといえます。

では、どこから手をつけたらよいのか。答えは明らかです。ビジネスの成功や人生を豊かにするために必要な3つの能力はIQ、EQ、BQであり、しかもIQとEQの土台はBQなのですから、仕事におけるパフォーマンスの向上を目指したときに真っ先に手をつけるべきは、まさにこのBQということです。

BQから手をつけるべきもう一つの理由は、BQはEQやIQよりも「目に見えやすい」ということです。例えば、体力が向上した、体調がよくなった、ダイエットに成功したといったBQの変化は、EQやIQの変化よりも目に見えやすいため、「自分は変われる」「自分には実現できる」といった自己効力感（セルフ・エフィカシー）や自己肯定感を抱きやすいといえます。言い換えれば、身体（BQ）面で成功体験を積み重ねることで、「自分自身を信じる」ことができるようになるのです。

そして、そのような心や感情（ＥＱ）の変化は、当然知能や思考（ＩＱ）に大きな影響を与えます。すなわち、身体（ＢＱ）を変えれば心や感情（ＥＱ）が変わり、心や感情（ＥＱ）が変われば知能や思考（ＩＱ）が変わる。知能や思考（ＩＱ）が変われば行動変容が起こり、行動変容が起これば習慣も変わる。そして、習慣が変わることによって仕事におけるパフォーマンスが向上する。これが、仕事のパフォーマンスを向上させる最速かつ確実なメソッドなのです（図４）。

仕事や人生の成功への土台には、必ずＢＱを高める必要があるということを知っていただきたいと思います。

図４　仕事、人生、すべての成功の土台はBQにある

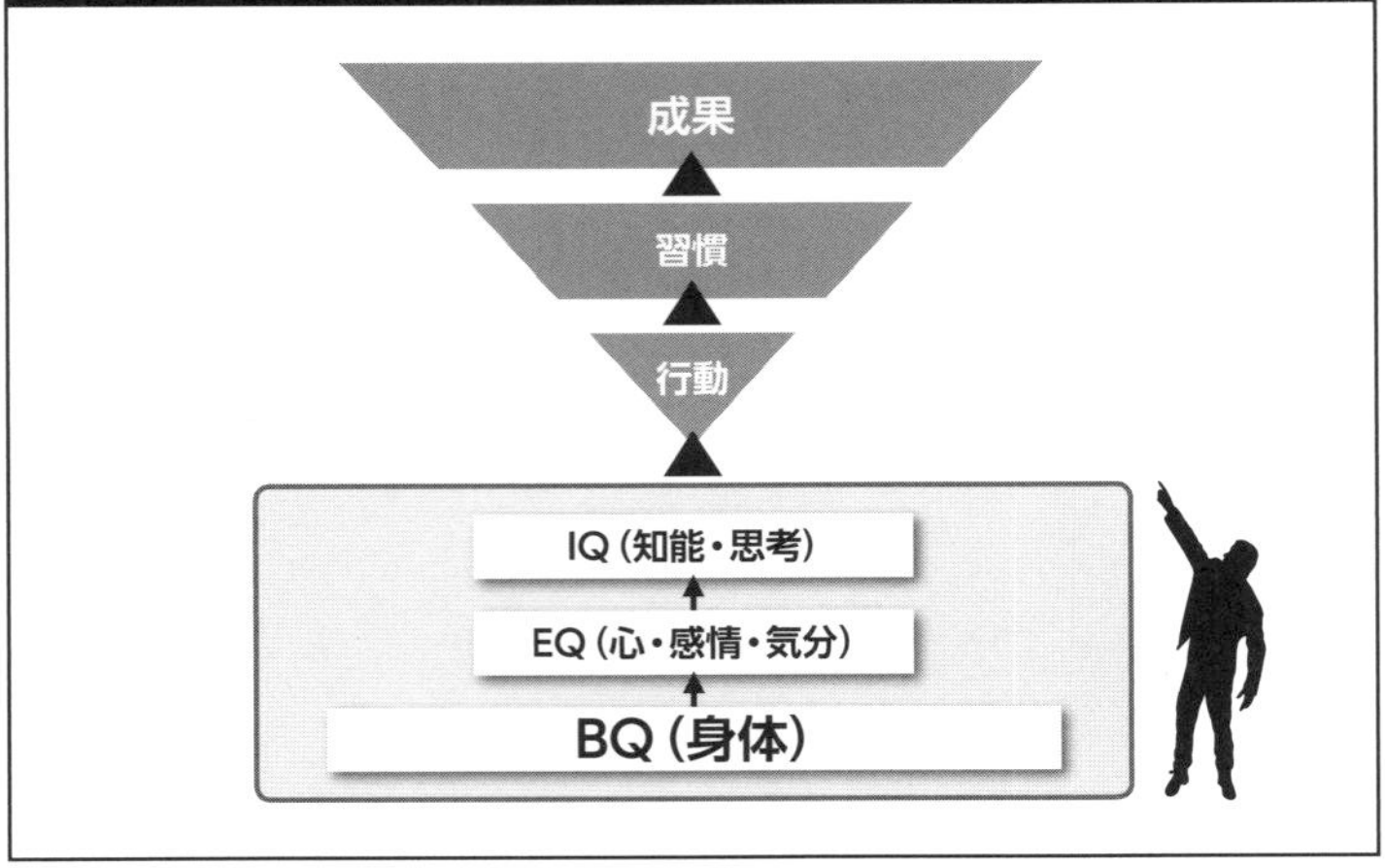

健康経営――、巷にあふれる3つの大間違い！

「健康経営」というフレームワークの導入

「仕事において最大のパフォーマンスを発揮するには、体のコンディションが100％整っていることが大前提となる」

今や、改めて言うまでもない常識です。

しかし、著者が経営戦略・財務・リーダーシップの企業研修講師として登壇する傍ら、個人に向けた健康のパーソナルトレーニングや企業の健康組織風土改革のお手伝いを細々と始めた2000年初頭にこんな発言をしようものなら、一笑に付されるか、怪訝な顔をされるのが関の山でした。当時の経営者やビジネスパーソンの健康意識の低さを振り返ると、まさに隔世の感があります。

その中でも大きな変化としてあげられるのが、組織が「社員の健康」にコミットしているかどうかを問う「健康経営」というフレームワークが導入されたことでしょう。日本における健康経営の取り組みは、2013年6月に政府が閣議決定した日本再興戦略のテーマの一つとして、国民の健康寿命の延伸を掲げたことから始まります。2017年度からは経済産業省の認定制度「健康経営優良法人」がスタート、認定企業数は年々増加し、2020年には大規模法人部門1481法人、中小規模法人部門4723法人が認定されています。

病気による休職（アブセンティズム）はもちろん、体調不良やストレスによる業務の遅延（プレゼンティズム）はどの会社でも昔からよくある光景であり、また誰もが経験的に理解していることです。しかし、今までそうしたことは経営や組織運営、人材育成などとは切り離され、ビジネスとは関係ないもの——すなわち個々人のプライベートな問題・課題——としてとらえられてきました。

ところが、前述のように生産年齢人口が減り続け、人生100年時代、70歳定年時代がすぐそこまできている現在、企業では優秀な人材を採用し、高い成果が上げられる人材へと育て上げ、さらにそうした人材を可能な限り長く確保しておくことが重要となってきています。このような流れの中で、社員のビジネスパフォーマンスを高く保つための健康経営というフレームワークは、企業が重点的に取り組むべき経営戦略の一つとして認識されるようになってきたわけです。

その一方、健康経営に取り組む目的や達成すべき成果を、経営者やビジネスパーソンが本当に理解しているかというとまだまだ十分とは言えないと著者は考えています。なぜならば、著者が研修やセミナーでお会いする多くの経営者や管理職、社員の方たちとのコミュニケーションの中で、健康経営に対する「誤解」ともいうべきケースを目にするからです。

健康経営におけるビックイシューの誤り

その一つが、健康経営における企業の大目的（ビッグイシュー）をしっかりと押さえていないケースです。

「健康経営をPRすることで企業イメージがよくなる」「リクルーティングに有利になる」なども確かに目的の一つ（スモールイシュー）でしょう。しかし、これらを健康経営の本質としてとらえてしまうと、社員食堂のメニュー改善やスポーツジムの費用補助など健康関連の福利厚生を充実させることと、それを社内外にPRすることが健康経営のすべてだと考えがちで、実はそうした企業がまだまだ多いのが実状なのです。

しかし、健康経営の真のゴールはこうした成果を得ることだけではありません。真のゴールは、社員の健康維持・向上を通じて個々人の生産性を高めることで、企業価値や業績の向上を図り、持続的な成長を実現することなのです。

健康管理は個人の問題であるという誤解

もう一つの誤解は、健康管理は個人のプライベートの問題であるため、会社が関与する必要はないし、関与するべきでないといった旧態依然とした考え方です。

しかし、生産年齢人口の減少による人手不足に加え、働き方改革によって長時間労働の是正が進む中、企業が生き残るにはいかにして労働生産性(社員一人当たり、または1時間当たりに生み出す成果)を高めるか、すなわち社員一人ひとりのパフォーマンスをいかにして最大限にするかがカギとなります。そして、仕事におけるパフォーマンスの向上――創造力、論理力、共感力、集中力の向上――を図るには、その土台となる身体（BQ）の健康を維持・向上させることが出発点であることは、すでに述べた通りです。

このように考えていくと、冒頭にあげた考え方が健康経営の本質から大きくズレていることがわかるでしょう。持続的な成長を実現し、顧客や株主、取引先、社員などすべてのステークホルダーの利益につなげるために、企業は社員の健康維持・向上に積極的かつ戦略的に関わる必要があるのです。

健康とパフォーマンスとの関係の認知不足

3つ目の誤解は、健康と仕事におけるパフォーマンスとのつながりについて、社員への認知が徹底できていないケースです。

典型的な事例としては、健康経営の取り組みを推進している企業において、喫煙者数がなかなか減少しないことがあげられます。これは、企業側が「健康に悪いから、タバコをやめよう」というメッセージを発信することにより、社員にとってのタバコをやめる目的が健康維持・向上で留まっているためと考えられます。

何度も言いますが、健康経営の真のゴールは、社員の健康維持・増進を通じて個々人の仕事におけるパフォーマンスを高めることで、企業価値や業績の向上を図り、持続的な成長を実現することです。

その目的に照らして考えれば、企業が社員に向けて発信すべきメッセージは自明でしょう。すなわち、企業は「喫煙は自身の健康を害し、受動喫煙のリスクからチームメンバーのパフォーマンスにも悪影響をおよぼすから、タバコをやめよう」というメッセージを発信し、喫煙は個人の嗜好で片づけられることではなく、ビジネスパーソンとして管理・制御すべき問題であると社員に認知させることが重要なのです。

ここまで健康経営における3つの間違いを見てきましたが、皆さんの職場でも目にするケースがあったのではないでしょうか。

健康経営を実現することは企業の責務ですが、その一方でビジネスパーソン一人ひとりにも従来以上に高い健康意識を持つことが期待されていることは論を俟ちません。

時間をかけられるだけかけて成果を出す時代はすでに終わりました。

これからの時代のビジネスパーソンには、労働生産性を念頭に置いて、自分自身で体調や体力を管理し、常に仕事においてベストパフォーマンスを発揮することが求められているのです。

プレゼンティズム、社員の不健康が招く大損失

目に見えにくいけれど、重大な損失を招くもの

直近1週間を振り返ったとき、あなたは仕事においてパフォーマンスを何％発揮できましたか？　１００％ですか、それとも70％、あるいは50％以下でしょうか？

例えば、あなたの答えが80％だとしたら、20％の能力がダウンした理由は何かを考えてみてください。「寝不足が続いていて……」「疲労が溜まっていて……」「肩こりがつらくて……」など、心身の健康状態が思い浮かんだのではないでしょうか？

このように、会社に出勤していても心身の健康が万全ではなく、本来のパフォーマンスを発揮できない状態を「プレゼンティズム」といいます。プレゼンティズムに対して、心身の病によって短・長期間にわたって会社を欠勤する状態を「アブセンティ

ズム」と呼びます。

後者のアブセンティズムは社員が欠勤状態であるため、生産性の低下や業績悪化の原因として認識しやすく、従来の労務管理においてはこのアブセンティズムの対応策を主に考えてきました。一方、プレゼンティズムは社員が出勤しているため、生産性の低下が見えにくいのですが、実は生産性や業績に悪影響をおよぼす割合はアブセンティズムよりも数倍大きいといわれています。


例えば、「体調が悪くて業務に集中できない」「睡眠不足からケアレスミスを連発する」などのプレゼンティズムにある社員が、通常の70％程度しかパフォーマンスを発揮できていなければ、30％の生産性を損なっている計算になります。

これをチームで考えたらどうでしょう。本来ならば年間1億円の売上を達成できるチームが、メンバーの日々のプレゼンティズムによって1年を通して70％のパフォーマンスだったとすると、3000万円の損失を出していることになります。企業として看過できない損失額になるわけです。

実際、米国ハーバード大学が2004年に公表した医療コストの内訳を見ると、治療費24％、アブセンティズム13％に対して、プレゼンティズムが63％も占めていることとがわかります（図5）。目に見えにくいけれど、重大な損失を招くもの――、それが社員のプレゼンティズムによる生産性低下なのです。

体の不調により生産性は確実に30％程度落ちる

プレゼンティズムの原因としては、免疫力低下による風邪や睡眠不足、二日酔い、花粉症、片頭痛、肩こり、腰痛などがあげられます。いずれも多少の体調不良の状態のため、「これぐらいであれば出勤するのは当たり前」と考えているビジネスパーソンがほとんどでしょう。また、これら多少の体調不良で社員を休ませるという企業も少

図5　重大な損失を招くプレゼンティズム

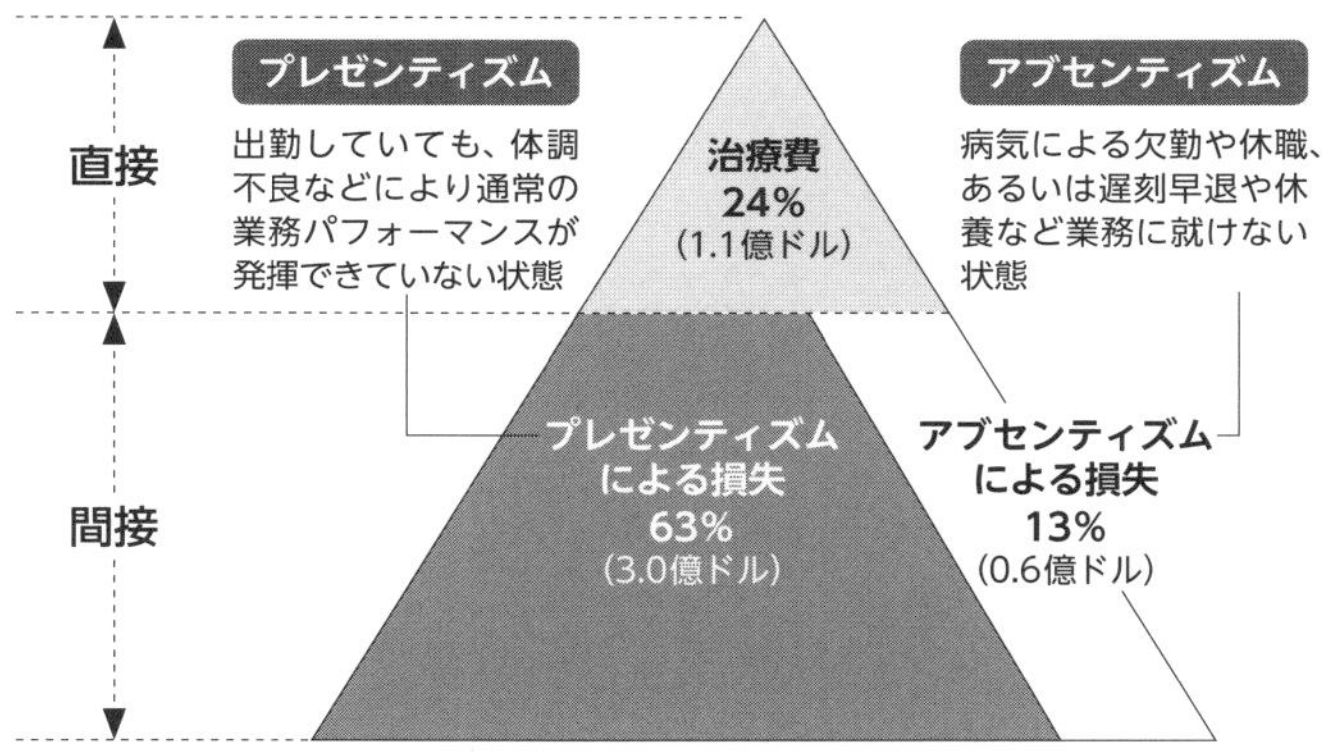

PaulHemp「Harvard Business Review(2004)」より著者改変

ないと考えられます。

では、プレゼンティズムは仕事におけるパフォーマンスにどのぐらいの影響をおよぼすのでしょうか。図6はプレゼンティズムが生産性などにどのぐらい影響をおよぼすかを疾患・症状別に示したものですが、体の不調があると生産性は確実に30％程度落ちています。さらに、プレゼンティズムは仕事に対するモチベーションや集中力、コミュニケーションにも悪影響をおよぼしていることがわかります。

プレゼンティズムの原因には、風邪や花粉症、片頭痛など防ぎようのない

図6　疾患・症状がパフォーマンスに与える影響

100%が通常のパフォーマンス	片頭痛・慢性頭痛	肩こり	腰痛
生産性	67.9%	70.5%	68.5%
モチベーション	60.0%	66.0%	65.6%
集中力	59.5%	64.1%	66.4%
計画・予定に対する結果	65.7%	72.1%	73.5%
コミュニケーション	65.8%	73.6%	73.6%

2013年／健康日本 21 推進フォーラム
「疾患・症状が仕事の生産性等に与える影響に関する調査」のレポート結果

ものも確かにあります。しかし、睡眠不足や二日酔いは自分自身の健康管理の不徹底が招いたものであり、また肩こりや腰痛も健康への取り組みが不十分であるために起きている可能性があります。

いずれにしても、プレゼンティズムによって生産性が著しく低下することは間違いありません。ビジネスパーソンにとって、プレゼンティズムを防ぎ、仕事におけるパフォーマンスを１００％に保つために、自身の健康維持・向上に努める、すなわち自身のＢＱを高めることは必須の取り組みといえるのです。

逆に考えれば、もしあなたがプレゼンティズムによって平均80％のパフォーマンスしか発揮できていないとすれば、ＢＱを高めてプレゼンティズムを解消するだけで、あなたの生産性は一気に向上するということです。仕事においてさらなる成果を達成するために、ＢＱを活用しない手はないのです。

50代のビジネスパーソンにBQ向上が必要な3つの理由

人間の免疫力は40代でピーク時の半分になる

「はじめに」でもお話ししましたが、本書は50代のビジネスパーソンのためにあります。すなわち、著者は50代のビジネスパーソンにこそ、自分とチームのためにBQ向上に向けた第一歩を踏み出していただきたいと考えているのです。

なぜ50代のビジネスパーソンこそ、BQ向上が必要なのでしょう。

その大前提となるのが、加齢による免疫力の低下です。

前述の通り、「BQが高い」ということは「免疫力が高い」とほぼ同義であり、免疫力が高ければ高いほど体の健康が保たれているといえます。

ご存じのように、免疫力とは菌やウイルスなどから自分の体を守る力です。著者は医師ではないので免疫力に関する詳細は専門書に譲りますが、一般的にいわれている加齢に伴う免疫力の変化について少しだけお話ししましょう。

免疫系には私たちが生まれつき持っている「自然免疫系」と麻疹など特定の病原菌に感染することで得られる「獲得免疫系」の2種類があります。イメージ的には、自然免疫系は常設のパトロール部隊のようなもの、獲得免疫系は緊急時に動員される軍隊のようなものだそうです。

そして、自然免疫系にはマクロファージや好中球、NK（ナチュラルキラー）細胞、一方の獲得免疫系にはT細胞とB細胞などがあり、いずれも加齢とともに機能が低下します。そのため、私たちの免疫力は15～20歳でピークを迎え、40代でピーク時のおよそ半分になるといわれているのです。

50代のビジネスパーソンは直ちにBQ向上を！

加齢によって免疫力が低下すると、どのようなことが起こるのでしょう。

もっともよく見られる事象は、風邪やインフルエンザ、ノロウイルスなどの感染症にかかりやすくなり（図7）、かつ重症化しやすくなるということです。

公益財団法人長寿科学振興財団によると、インフルエンザによって死亡する人は50

歳をすぎると急に増え始め、70歳以上では全年齢平均の約2・8倍になるそうです。

こうした感染症リスクなどから自分自身を守るために、直ちにBQ向上に向けた行動を開始してほしいと著者が考えるのが50代のビジネスパーソンです。

もちろん30～40代のビジネスパーソンにとってもBQ向上は重要ですが、彼らにはこれまで培ってきた体力があり、多少無理をしても勢いで乗り越えることができるでしょう。しかし、50代はそうはいきません。これが、著者が50代のビジネスパーソンこそBQ向上を、と願う第1の理由です。

第2の理由は、仕事における責任の

図7　免疫力の低下に伴い、感染症のリスクが高まる

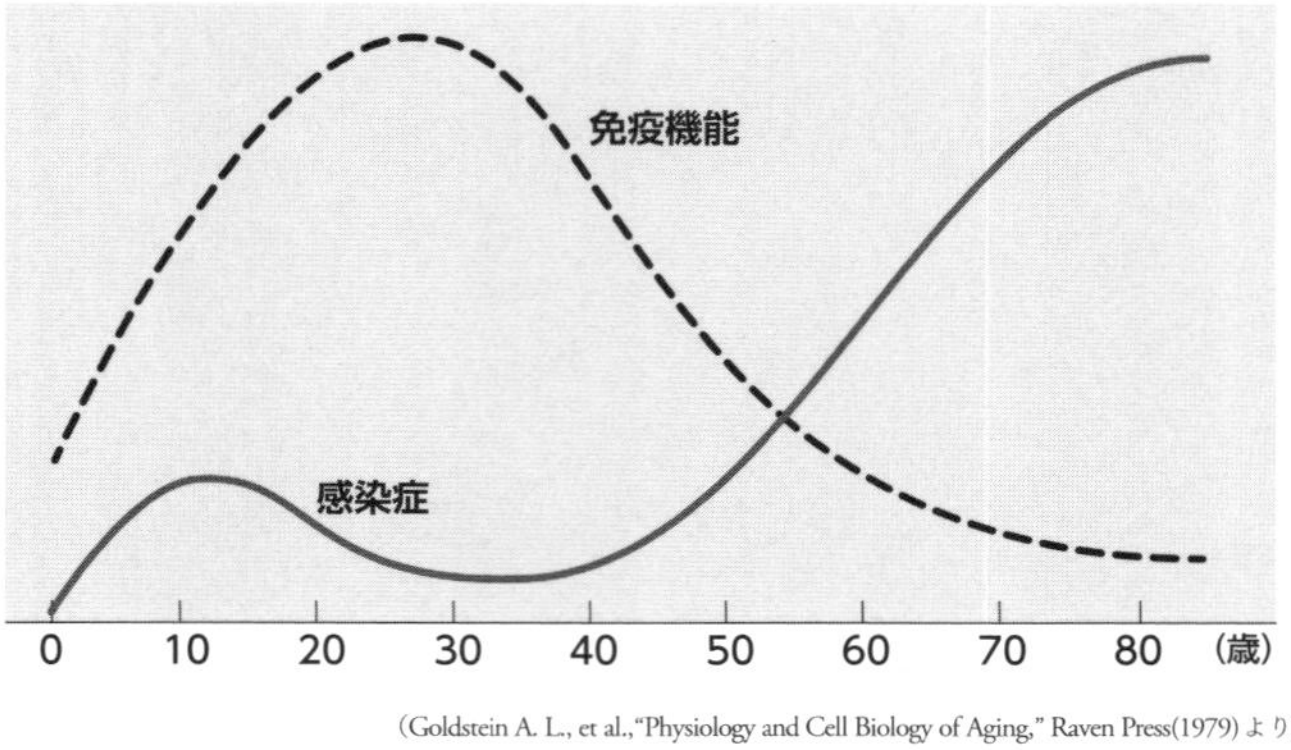

（Goldstein A. L., et al.,"Physiology and Cell Biology of Aging," Raven Press(1979) より）
参考：上野川修一『からだと免疫のしくみ』（日本実業出版社）

重さです。年功序列が崩れてきたとはいえ、やはり50代は組織の中でマネジメントの立場となる方が多いのが現実です。一般的に、30~40代のビジネスパーソンと50代のビジネスパーソンでは仕事における責任の重さが格段に違います。

チームのメンバーである30~40代が体調不良で数日間不在にしても業務の滞りはそれほど生じないかもしれませんが、リーダーであり、意思決定権者である50代のビジネスパーソンの不在は業務遂行が困難になるほどの影響が出る危険性があります。

そうした重責を担う50代だからこそ、自分のためにもチームのためにも、そして会社のためにもBQ向上に取り組んでいただきたいのです。

そして、第3の理由はライフステージの変化です。

40代後半から50代にかけては、子どもの独立や住宅ローンの完済などライフステージに大きな変化が訪れる時期です。

仕事や家事・育児に追われ、自分のことを気にする余裕さえなかった時期が過ぎ、自分自身に目を向ける余裕が生まれるのが50代といえます。

また、教育費や住宅ローンなど金銭面の負担も少なくなり、経済的にもゆとりが生まれる時期ではないでしょうか。つまり、50代はライフステージ的にも自分の体や心と向き合う絶好の機会といえるのです。

Withコロナ時代、免疫力の多寡が生死を分ける

生き延びるだけの免疫力は備わっているか？

さて、これまで50代のビジネスパーソンにBQ向上が必要な3つの理由について述べてきましたが、これは私たちが未知のウイルスに遭遇する前までのことです。

私たち人類は、風邪やインフルエンザ、ノロウイルスなどの感染症に加え、2019年末からは中国武漢で発生し全世界に広がった新型コロナウイルス感染症（COVID-19）という最大級のリスクを抱えることになりました。これから当分の間は否応なくコロナウイルスとともに生きていかざるを得ない、いわゆる「Withコロナ時代」が幕を開けたわけです。

新型コロナウイルスが重症化する仕組みの解明は今後の研究をまたなければなりま

せんが、米国のCDC（疾病対策センター）は慢性腎臓病や慢性閉塞性肺疾患、2型糖尿病、肥満などの基礎疾患のある人は重症化リスクが高くなり、また年齢が上がるにつれて重症化リスクが増加すると発表しています。

日本における2020年8月5日時点の新型コロナウイルスの年齢階級別陽性者数（図8）と年齢階級別死亡数（図9）を見ても、陽性者数は20代〜30代が圧倒的に高いにもかかわらず、死亡者数は50代、60代、70代、80代と高齢になるにしたがって急増しているのがわかります。

加齢に伴う免疫力の低下――、このことが新型コロナウイルス重症化の大きな要因の一つになっていることは疑いようのないところでしょう。

そして、特に私を含む50代以降では、「もしも新型コロナウイルスに感染したら、自分には生き延びるだけの免疫力や生命力が備わっているだろうか」と考えている人も多いのではないかと思います。

実際、著者の知人で会社勤めをしている50代前半の女性は考えたそうです。彼女は更年期を迎えたころから血圧とコレステロールが上昇したため病院を受診し、現在は降圧剤と高コレステロール治療薬を服用しています。

図8　年齢階級別陽性者数

新型コロナウイルス感染症の国内発生動向（厚生労働省、2020年8月5日18時時点）

図9　年齢階級別死亡数

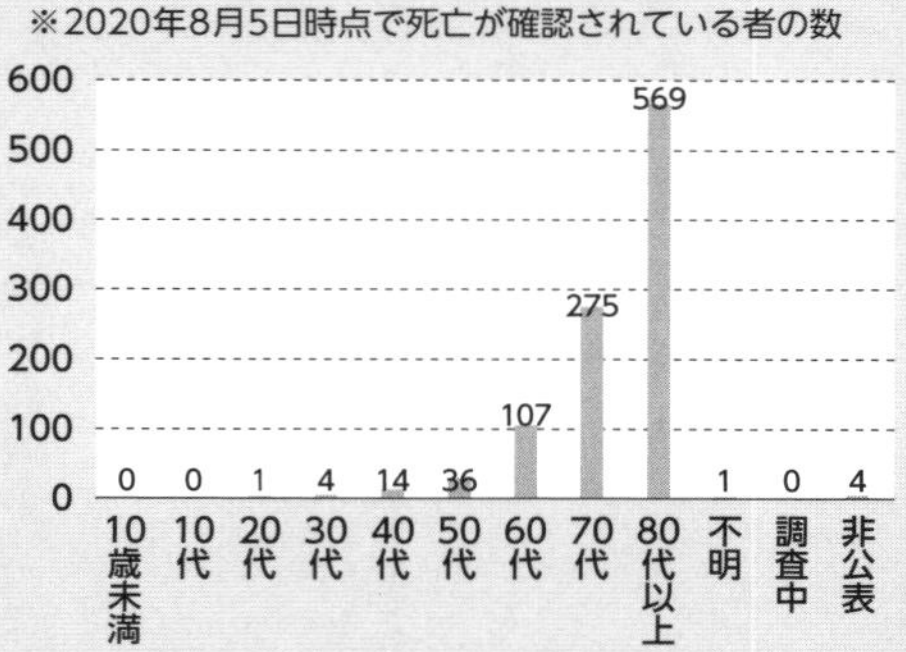

新型コロナウイルス感染症の国内発生動向（厚生労働省、2020年8月5日18時時点）

血圧やコレステロールが多少高くとも生活には何の支障もなく、さらに薬でコントロールしているため普段は自身が病気であることすら忘れていたそうですが、新型コロナウイルスが猛威を振るい始めたころからこう実感するようになったといいます。すなわち、薬でコントロールできているから自分は健康体であるという錯覚を抱いていたが、薬でコントロールしなければならないという時点ですでに生命体としては免疫力が低下している。平常時ならば、たとえ生命体としての免疫力が強くなくとも生きていけるだろう。しかし、このような危機に直面したときには、何よりも生命体としての免疫力の多寡が生死を分けるのだ――と。

今のところ著者は幸いにも一粒の薬も服用していませんが、確かに新型コロナウイルスによって私たち人類は生命体としての免疫力の大切さを嫌というほど痛感させられたと思います。そして、これが50代のビジネスパーソンにこそ、BQ向上に取り組んでほしいと著者が切に願う、最大にして最後の理由です。

BQリーダーシップ ～これからのリーダーに求められる必須スキル

同時に、リーダーである50代のビジネスパーソンには、「自分のチームのBQ向上」

にも取り組んでいただきたいと思います。

新型コロナウイルス感染拡大により、テレワークなど時間や場所を問わない働き方やオンラインでの仕事の効率性が重視されるなど、すでに働き方や仕事の進め方にパラダイムシフトが起きています。また、健康意識や衛生意識もかつてないほど向上しているでしょう。

そうした激変する環境下でチームメンバー一人ひとりの健康維持・向上を図り、チームのパフォーマンスを最大化するにはＢＱリーダーシップが不可欠であり、それはこれからの時代のリーダーに求められる必須スキルの一つになると著者は確信しています。

50歳――、人生１００年時代の折り返し地点に立ったならば、自分自身の体や心とじっくりと向き合ってみてください。そして、自分とチームのパフォーマンスを最大限に高めるために、ＢＱ向上への第一歩をここから踏み出しましょう。

第2章

BQの基礎知識を知る

BQを構成する「6つの要素」とは何か？

「6T」～BQを体に落とし込むためのフレームワーク

ここでまずBQを自分自身の体に落とし込むためのフレームワークである「6T」をご紹介しましょう。6Tの「T」は「体（TAI）」のことで、以下のように体の6つの要素を示しています。

①体調（TAI・CHOU）
②体力（TAI・RYOKU）
③体質（TAI・SHITSU）
④体形（TAI・KEI）
⑤体勢（TAI・SEI）
⑥体動（TAI・DOU）

6Tは、内的な要素であるSOMA(ソーマ)と外的な要素のBODY(ボディ)に分けることができます。

SOMAとは体の細胞や内部を表すギリシャ語で、6Tのうちの①体調、②体力、③体質がこれに当たります。簡単にいえば、目に見えづらい要素がSOMAということです。

一方のBODYは体の外見や見た目を表しており、④体形、⑤体勢、⑥体動の3つの要素で構成されます。目に見えやすいのがBODYというわけです(図10)。

それでは、6Tの一つひとつの要素について詳しく見ていきましょう。

図10　BQを体に落とし込むための6つのT

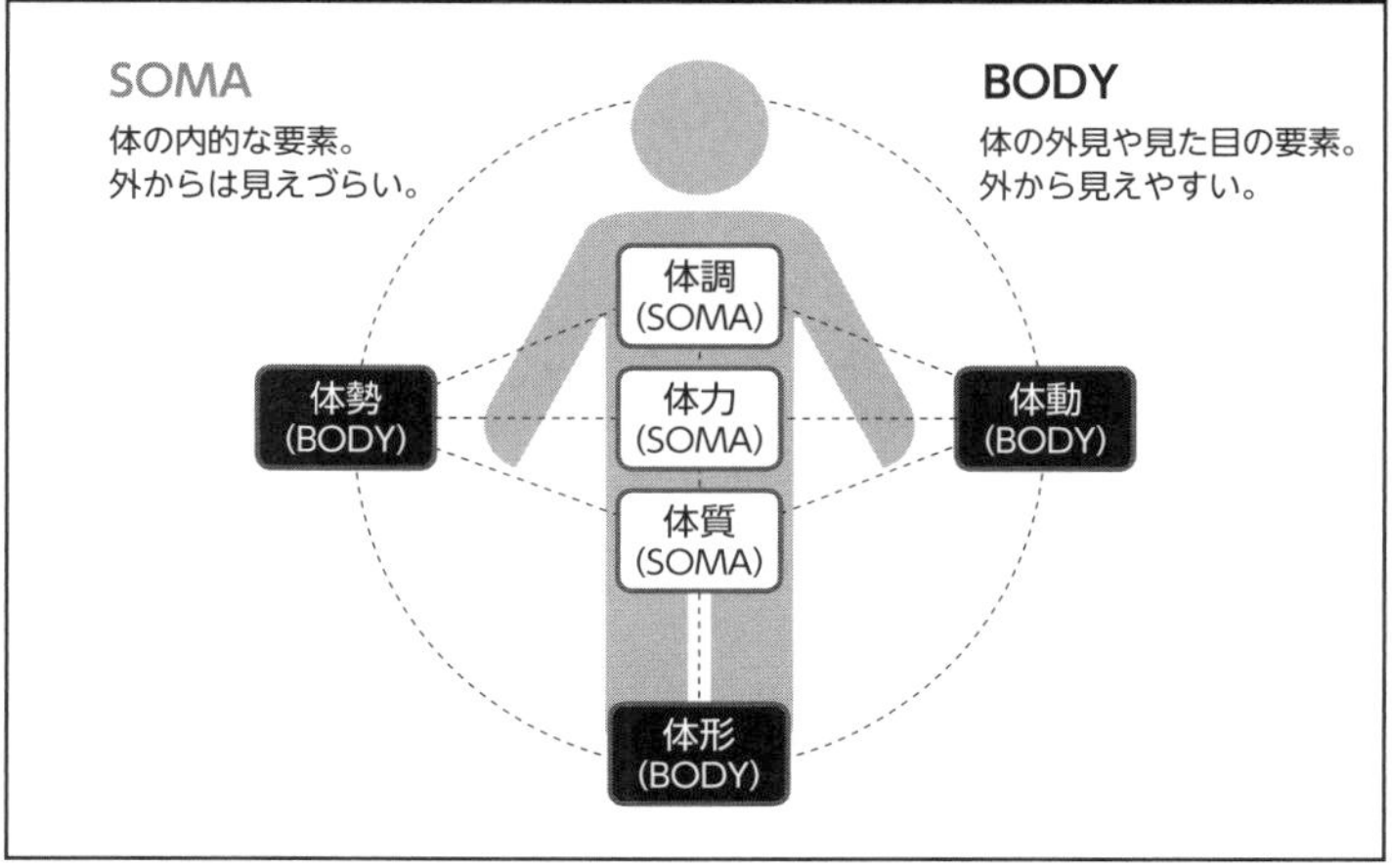

体調（TAI・CHOU）

「今日は体調がなんとなく悪い」と感じたり、家族や同僚がそんなことを言うのを耳にしたりする機会も多いでしょう。「体調」とは体のコンディションを示す言葉で、6Tの中でもっとも核となる要素です。「なんとなく体調が悪い」と感じるときは、先に解説したプレゼンティズム状態であり、仕事におけるパフォーマンス――創造力、論理力、共感力、集中力――の発揮が低下している可能性が非常に高くなります。

体力（TAI・RYOKU）

「体力」というと、マラソンや水泳などスポーツの基礎になる力ととらえがちです。しかし、BQにおける体力とは、仕事におけるパフォーマンスを発揮するために必要な体力を指します。つまり、病気や新型コロナウイルスなどの感染症に対抗するための免疫力、ストレスに適応する抵抗力などがBQにおける体力です。そして、体力を維持し高めるためには、日々の適度な運動が欠かせません。

体質（TAI・SHITSU）

「冷え性でつらい」「風邪を引きやすい」「疲れが取れにくい」……。こうした体質には、日常の食生活が大きく影響しています。特に食事に無頓着だったり、食事の時間が不規則だったりすると、体質に悪影響をおよぼしやすいといわれます。

人間の体は約60兆個の細胞でできており、その細胞は日々入れ替わって私たちの体を保っています。そして、細胞をつくるエネルギーや栄養素は食べ物から得ています。「体は食べたものでできている」といわれる所以です。そのため、体質改善のためには食生活を見直し、体にとって良いものを取り入れることを常に意識することが大切です。

体形（TAI・KEI）

メタボリックシンドローム（以下、メタボ）に代表される肥満、あるいは逆にやせすぎなど、外見や見た目に関係するのが「体形」です。

ひと昔前はビジネスの場で体形を気にする人はあまり多くなく、年齢と地位が上がれば太り気味のほうが貫禄があって良いとされる傾向もありました。しかし時代は変わり、現在では肥満体形は「自己管理ができない人」という負のイメージでとらえられるようになりました。また、メタボは睡眠時無呼吸症候群（SAS）や2型糖尿病、心血管疾患などさまざまな病気を引き起こす原因ともなります。

体勢（TAI・SEI）

「体勢」とは、主に体を静止させているときの姿勢や体の構え方を示します。デスクワークをしているときの姿勢、電車を待つときの立ち姿などがその一例です。例えば、デスクワークの際に背中を丸めていると体にゆがみが生じ、腰痛や背中の痛み、肩こりの原因にもなります。また、体勢の悪さは見た目の印象にも悪影響を与えます。

体動（TAI・DOU）

体勢が主に体を静止させているときの姿勢や体の構え方を指すのに対し、「体動」は体の動かし方、いわゆる「振る舞い」のことをいいます。体動が整っている人は背筋を伸ばして颯爽《さっそう》と歩きますが、そうでない人は足の裏を引きずるように歩いたり、重心が後ろに偏っていたりと不自然な体の動かし方になります。適切な体の動かし方ができていないと、見た目の印象が悪くなったり、実年齢よりも老けて見えたりするだけでなく、プレゼンティズムを引き起こす腰痛や肩こりなどの原因にもなります。

以上が6Tの概要です。SOMAとBODYは体の内外の健康を構成する要素で、それぞれが互いに影響し合っています。例えば、睡眠や運動に気を遣い、体調や体力は維持・向上していたとしても、食事を疎《おろそ》かにすると体質が脆弱となり、やがては体調や体力にも悪影響をおよぼします。また、体形は理想的でも体勢が悪いために骨盤にゆがみが生じて腰痛となり、それが原因でプレゼンティズムが発生することもあり得ます。そのため、6Tの要素をそれぞれ単独で考えるのではなく、すべてを適切な状態に整えるという意識を持つことが大切です。

次項からは、6Tそれぞれの詳細について見ていきましょう。

「体調」「体力」「体質」――、SOMAのディテールを理解する

6Tの詳細については、拙著『BQ―身体知能―リーダーシップ』『図解 BQ―身体知能―リーダーシップ』（いずれもクロスメディア・パブリッシング）でも解説していますのでご存じの方もおられるかもしれませんが、BQを理解する上で欠かせない基礎知識ですのでおさらいの意味も含めて簡単にご紹介しましょう。

では、まずはSOMAの構成要素である「体調」「体力」「体質」から見ていきます。

体調 ～量が十分で質の高い睡眠を確保する

体調がアウトプットだとしたら、それに強く関与するインプットは睡眠です。私たち人間の体内時計は、約24時間を周期として規則的な動きを繰り返しています。すなわち、私たちの体は「一定の時刻がくると自然に眠くなり（一説には起床から13時間後と

いわれています）、一定時間眠ると自然に目が覚める」といった入眠と目覚めをはじめ、体温や血圧、脈、尿の量、ホルモンの分泌などが規則性をもって変動しており、これはサーカディアンリズム（概日リズムや日周リズムともいう）と呼ばれます。

理想は、このサーカディアンリズムに沿った生活をすること。つまり、日の出とともに起床して日中はフルに活動し、夜はあまり遅くならないうちに床に就き、十分な睡眠時間をとることです。逆に不規則な生活と睡眠不足が続くと、アウトプットである体調を損なってしまうことになります。

体力 〜日々の暮らしに適度な運動を取り入れる

前述のように、ここでいう体力とはランニングやスポーツジムでの体力づくりという意味ではありません。ＢＱ、すなわちビジネスパーソンに求められる体力とは、仕事でベストパフォーマンスを発揮するためのものです。つまり、体力向上の主目的は、ウイルスに対抗するための免疫力やストレスへの抵抗力を強化することにあります。

事実、ビジネスに必要な体力を高めている人は免疫力が高く、生活習慣病などの病気になりにくいという報告もあります。

これまであまり運動をしてこなかった人なら、まずはウォーキングなど適度な運動を毎日行い、基礎体力の向上を図りましょう。

「脚のふくらはぎは第二の心臓」とも呼ばれますが、これはふくらはぎが血液を送り出すポンプの役割をしているためです。心臓から脚まで運ばれた血液は再び心臓のほうへと送り出す必要があり、その働きを担っているのが脚の筋肉なのです。

ウォーキングによって脚の筋肉を鍛えることでポンプとしての能力が強化され、全身の血液循環を良くすることにつながります。そして、血中の酸素や栄養が脳へも十分に行き渡ることで、ＥＱにも良い影響をおよぼします。その結果、ストレスへの耐性が高まり、仕事への気力も湧き上がってくるでしょう。また、ウイルスに対抗するための免疫力も強化することができるのです。

さらに、ＢＱ向上に向けた適度な運動は脳にも恩恵をもたらします。

ハーバード大学医学部臨床精神医学准教授であるジョン・Ｊ・レイティは、その著書『脳を鍛えるには運動しかない！～最新科学でわかった脳細胞の増やし方』（ＮＨＫ出版）で、運動をすると脳の神経成長因子が35％も増えるなど、運動は体だけでなく、脳やＩＱにも良い影響を与えることを明らかにしています。

しかしながら、このようにさまざまな効果をもたらす運動もやりすぎは禁物です。例えば、「毎日20㎞走る」など過度な目標を立ててやりすぎると、膝や腰を痛めてプレゼンティズムを招くなど本末転倒になってしまいます。また、例えば20㎞走れば3時間弱も時間を要するため、睡眠時間の確保にも悪影響が出ます。さらに、心筋梗塞や脳梗塞などのリスクもあるため、やりすぎにはくれぐれも注意してください。

体質 ～食事、水分、酸素というエネルギーから考える

体質に由来するトラブルには、風邪を引きやすい、疲れがとれにくいといった通院に至らないものから、アレルギー性鼻炎や冷え性、多汗症など通院や服薬が必要になるケースまでありますが、さまざまなアプローチによって症状を軽くすることができます。体質改善で意識すべき切り口は、「食事」「水分」「酸素」といった体に取り入れる3つのエネルギーです。この3つは人間が生きる上で絶対に欠かせない要素で、著者らは総称して「3e(ENERGY)」と呼んでいます。

前述のように、「体は食べたものでできている」といわれます。本来摂取すべき栄養とは何かを意識せず、無頓着な食生活を続けてしまうと体質の改善は難しくなりま

す。一般的に日本人は炭水化物をとりすぎていると指摘されており、特に外食が多い人は炭水化物中心の食事になりがちです。たんぱく質や脂質、ビタミンを多めに摂取することを意識して、バランスの良い食事を心がけましょう。

体質改善のためには、水分補給の視点も大切です。水分は腸から吸収され、血液などの体液となり、全身を循環しています。

さらに、水分は尿や汗となって体の中の老廃物を排出する役割も担っています。生命活動を行う上で水は必要不可欠なものなのです。

人が1日に必要とする水分は約2ℓといわれます（食事に含まれる水分も含めた量）。また、量だけでなく、どのような水を体内に取り入れるかも重要であり、できればミネラルを豊富に含んだ硬水が望ましいでしょう。硬水には現代人に不足しがちといわれるマグネシウムやカルシウムが多く含まれているため、体質改善にも役立つのです。

そして、3つ目は酸素です。酸素は、24時間365日、唯一絶対に必要となるエネルギーです。酸素を取り込むときは、吸う息でお腹を膨らませ、吐く息でお腹をへこませる腹式呼吸を意識するとよいでしょう。腹式呼吸は心身をリラックスさせます。さらに、呼吸に意識を向けるだけで、ストレスやイライラが解消されるなど心のコントロールができるといった効用もあります。

「体形」「体勢」「体動」――、BODYのディテールを理解する

次に、BODYの構成要素である「体形」「体勢」「体動」について解説していきます。

体形　～メタボがビジネスにもたらす弊害を知る

まずはメタボに代表される肥満がビジネスにもたらす弊害を理解しましょう。

1970年代に米国の心理学者アルバート・メラビアンが提唱した「メラビアンの法則」をご存じでしょうか？　話し手が聞き手に与える影響は言語情報（Verbal）が7%、聴覚情報（Vocal）が38%、視覚情報（Visual）が55%というもので、人は言葉以上に相手の見た目や表情、仕草などを重視しているということです。

そうした観点から見ると、メタボなどの肥満体形は「鈍重そう」「自己管理ができていなそう」などの悪い印象をビジネスの相手に与える可能性が高いといえます。まず

は自分の体形が相手にどのような印象を与えているかを客観的に振り返ってみましょう。その上で相手に好印象を与えられるように、体形を整えていこうという意識を持つことがスタートとなります。

また、メタボは重大な病気の予備軍となり得ます。図11は日本のメタボの診断基準ですが、メタボと診断されると糖尿病になるリスクが通常の3~6倍、心血管疾患とそれによる死亡のリスクは1・5~2倍になり、さらに高尿酸血症や腎臓病、睡眠時無呼吸症候群(SAS)などの病気にもつながるといわれています。睡眠時無呼吸症候群は酸素が脳や体に十分に巡らないこと

図11　日本のメタボリックシンドロームの診断基準

必須項目

腹部肥満(腹囲)※
男性:85cm以上
女性:90cm以上

※腹囲は、男女ともに内臓脂肪面積≧100cm²に相当

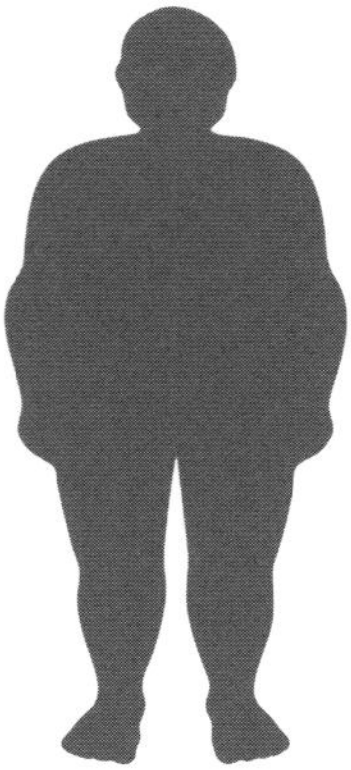

2項目以上

血圧
130/85mmHg以上

空腹時血糖
110mg/dL以上

中性脂肪
150mg/dL以上
かつ/または
HDLコレステロール
40mg/dL未満

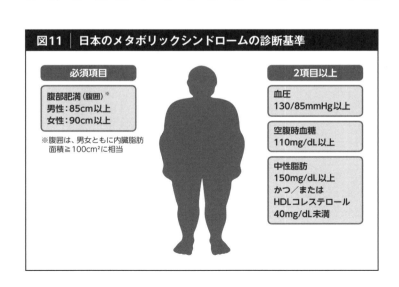

になるため、睡眠の質を低下させ、その結果、6Tの一つである体調の悪化にもつながります。

さらに前述のように、米国CDCは肥満などの基礎疾患がある人は新型コロナウイルス感染症の重症化リスクが高くなるとしています。

体形を良い状態に改善・維持することは見た目のみならず、免疫力を強化するなど仕事健康寿命を延伸するためにも不可欠なことなのです。

体勢 ～常に正しい姿勢でいることを意識する

座る姿勢や立ち姿といった体勢の悪さもビジネスの弊害となります。体勢が悪いと、体のどこかに体重をかけすぎることになり、それがゆがみとなって腰痛や背中の痛み、肩こりの原因となります。そして、痛みを抱えて仕事をしていると、パフォーマンスが低下しプレゼンティズムを発生させることになるのです。

また、体勢が悪いと肺や心臓を圧迫して呼吸が浅くなり、脳が酸欠状態になるともいわれています。軽度とはいえ、酸欠状態が続くと集中力の低下などにもつながってしまいます。パソコンのモニターに顔を近づけ、猫背で作業をしている人も多くみられますが、猫背の人は実際の年齢よりも老けて見えたり、自信がなく、消極的な印象を与えてしまいます。また、胃や大腸、小腸が圧迫されることで肥満体形になりやすい傾向にあるため注意が必要です。

例えば、座るときは胸を軽く張って深く椅子に腰かけ、お尻と足の裏に重心をかけるように意識してみてください。これが体にとっていちばんニュートラルな状態であり、見た目も良くなります。このように、座っているときも、立っているときも、常に正しい姿勢を意識することが肝要なのです。

体動 ～体動を良い状態に保つための二つのステップ

体動を良い状態に保つには、①まずは体を動かす、そして②適切な体の動かし方をする、この二つのステップが重要となります。

前項で体勢についてお話ししましたが、たとえどんなに良い姿勢で座っていたとしても、長時間にわたって座位での作業を続けると脚の筋肉が活動せずに代謝が下がってしまいます。いわゆるエコノミークラス症候群の前兆です。代謝機能が働かないことで糖や中性脂肪が血中に溜まり肥満になりやすくなるとともに、血流が悪化して狭心症や心筋梗塞、脳梗塞などのリスクも高まります。立ちっぱなしも同様に腰痛などのリスクがあります。要は、同じ体勢を長時間続けることを避け、定期的に立ち上がる、トイレに行くために歩く、軽く屈伸運動をするなど、体を動かすことが一つ目のステップです。

そして、二つ目が適切な体の動かし方をすることです。体動が整っていない人は、かかとに重心が偏りすぎていたり、背中を丸めて前かがみになっていたりと普段の歩き方にも影響が表れます。こうしたかかと歩きや猫背歩きは腰痛や肩こり、膝や股関節などを痛める原因にもなります。また、猫背歩きは実年齢以上に老けて見えるだけでなく、陰鬱な印象を周囲に与えてしまいます。

正しく歩くには、まず背筋を伸ばしましょう。そして丹田に力を入れて股関節と脚がつながっていることを意識し、頭のてっぺんから引っ張られているような感覚の姿勢を保ちながら、かつつま先の5本指で地面をつかむことを意識して歩きます。特別なトレーニングは必要ありません。体動は、お腹や体幹、つま先に意識を向けるだけで変えることができるのです。

大切なのは、6Tの中の優先順位を明確にすること

6つの要素は同レベルではないと認識する

ＢＱを自分自身の体に落とし込むためのフレームワークである6Tについて見てきました。ここで読者の皆さんに理解いただきたいのは、6Tは互いに影響し合っていること、そして6Tはすべて同レベルではなく、個人それぞれで優先順位があるということです。すなわち、それぞれの要素により仕事におけるパフォーマンスに与える影響力が違うため、6Tの中でも優先順位があるのです。そして、ＢＱ向上を目指すときは、自分にとってもっとも優先順位が高い要素に意識を向けることが重要となります。

このことは、ビジネスの場で活用される「7Ｓモデル」というフレームワークの使

い方に置き換えて考えると理解しやすくなります。

ご存じの方も多いと思いますが、「7Sモデル」とは企業戦略・組織改革などを行う際に用いられるフレームワークで、組織の全体像と要素間の連携をとらえるために有用といわれています（図12）。

「7Sモデル」では、組織の要素を「戦略（Strategy）」「組織（Structure）」「システム（System）」「価値観（Shared Value）」「スタイル（Style）」「スキル（Skill）」「人材（Staff）」という7つのSで表します。このうち、前者の3つを「ハードのS（組織の構造に関するもの）」、後者の4つを「ソフト

図12　組織の全体像と要素間の連携を捉える「7Sモデル」

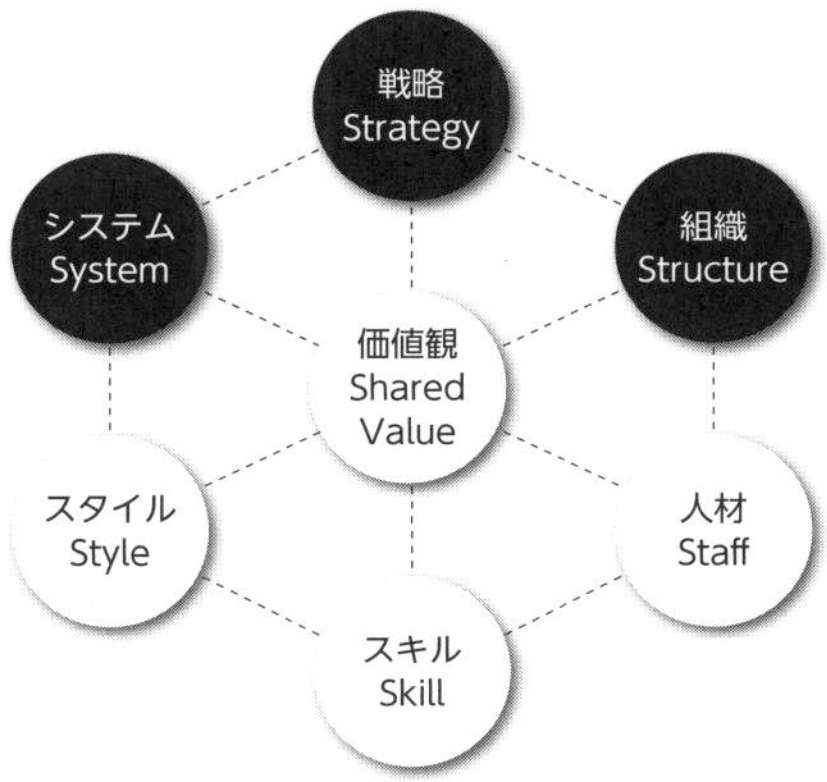

のS（組織の価値観に関するもの）」といいます。

一般的には「ハードのS」と「ソフトのS」をつなぐ「価値観（Shared Value）」がもっとも重要であるといわれます。しかし、企業によって問題のあるSは異なります。つまり、組織に問題があるのか、それともシステムに問題があるのか、あるいはスタッフの数が不足しているのか、スタッフの数ではなくスキルが不十分なのか……、問題のSは企業によってまったく違うのです。

そこで、まずはどのSが問題なのか、優先順位を決めることが重要となります。そして、優先順位を決めた後は一つのSだけに力を入れるのではなく、それ以外のSにも意識を向け、それぞれのSがバランスよく影響し合っている状態をつくることに注力していくのです。

6Tがバランスよく影響し合う状態をつくる

では、6Tにおいてもっとも優先順位が高い――すなわち、「7Sモデル」の「価値観（Shared Value）」に該当する――要素とは何でしょう。一般的には、目に見えやすいBODYよりも、目に見えづらいSOMAのほうが優先順位は高く、さらにその中でもっとも優先順位が高いのは「体調」です（図13）。つまり、6Tの核となるのは体調であり、まずは体調に意識を向けることが大切ということです。

ただし、「7Sモデル」と同様、これはあくまで一般的な優先順位であり、一人ひとりの課題によって若干異なってきます。

例えば、メタボを気にしている人であれば優先順位としては体形が一番になるでしょう。冷え性に悩んでいる人ならば体質が最優先となるかもしれ

図13　6Tの中でも優先順位が高いのは「体調」

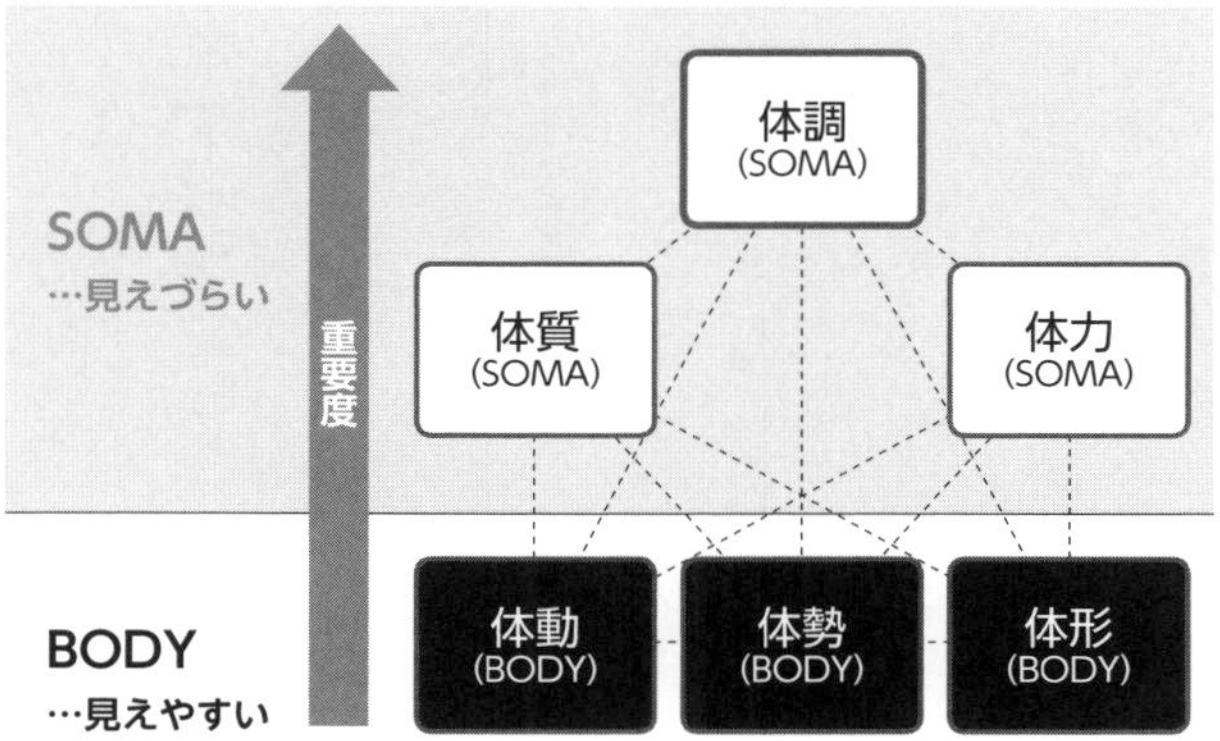

ません。あるいは、猫背を解消して自信ある態度で商談に臨みたいと考えている人は、体勢や体動に真っ先に着手したいと考えるはずです。

いずれにしても、読者の皆さんはまず6つの要素（6T）は同じレベルではないということをしっかり理解してください。その上で自分にとっての優先順位を明確にし、優先順位の高い要素から着手することが大切です。

また、前述のようにメタボを原因とした睡眠時無呼吸症候群によって睡眠の質が低下し、それが体調の悪化を招くなど、6つの要素は互いに影響し合っています。

そのため「7Sモデル」と同様、優先順位を決めた後も一つのTのみに力を入れるのではなく、それ以外のTにも意識を向けましょう。それぞれのTがバランスよく影響し合っていることがもっとも重要なのです。

タバコは麻薬以上の依存性物質であると知る

6Tを考える際に重要なポイントについて解説してきましたが、もう一つ、読者の皆さんに知っておいてほしいのが6Tを阻害する2大要因です。著者らはこれを「2d（DERAILER：阻害要因）」と呼んでいます。

では、6Tを阻害する「2d」とは何でしょう？

一つはアルコールやニコチンなどの依存性物質、そしてもう一つがこれまで何度も述べてきた新型コロナウイルスをはじめとしたウイルスや細菌です（図14）。

依存性物質が仕事の生産性におよぼす弊害

まずはアルコールやニコチン、カフェインなどの依存性物質について見ていきましょう。

タバコが健康にもたらす害については今さらお話しするまでもありませんが、がんをはじめ、脳卒中や慢性閉塞性肺疾患(COPD)、呼吸機能低下といった疾患になりやすくなり、妊娠・出産時においては早産や低出生体重・胎児発育遅延のリスクが高まるといわれています。

さらに問題なのは副流煙です。副流煙には発がん性物質やニコチン、一酸化炭素などの有害物質が主流煙の数倍も含まれており、受動喫煙によって大人では脳卒中や肺がん、虚血性心疾患などになりやすくなり、子どもでは乳幼児突然死症候群(SIDS)と喘息のリスクが高まるといわれています。

図14 | 6Tを阻害する2つの「d」

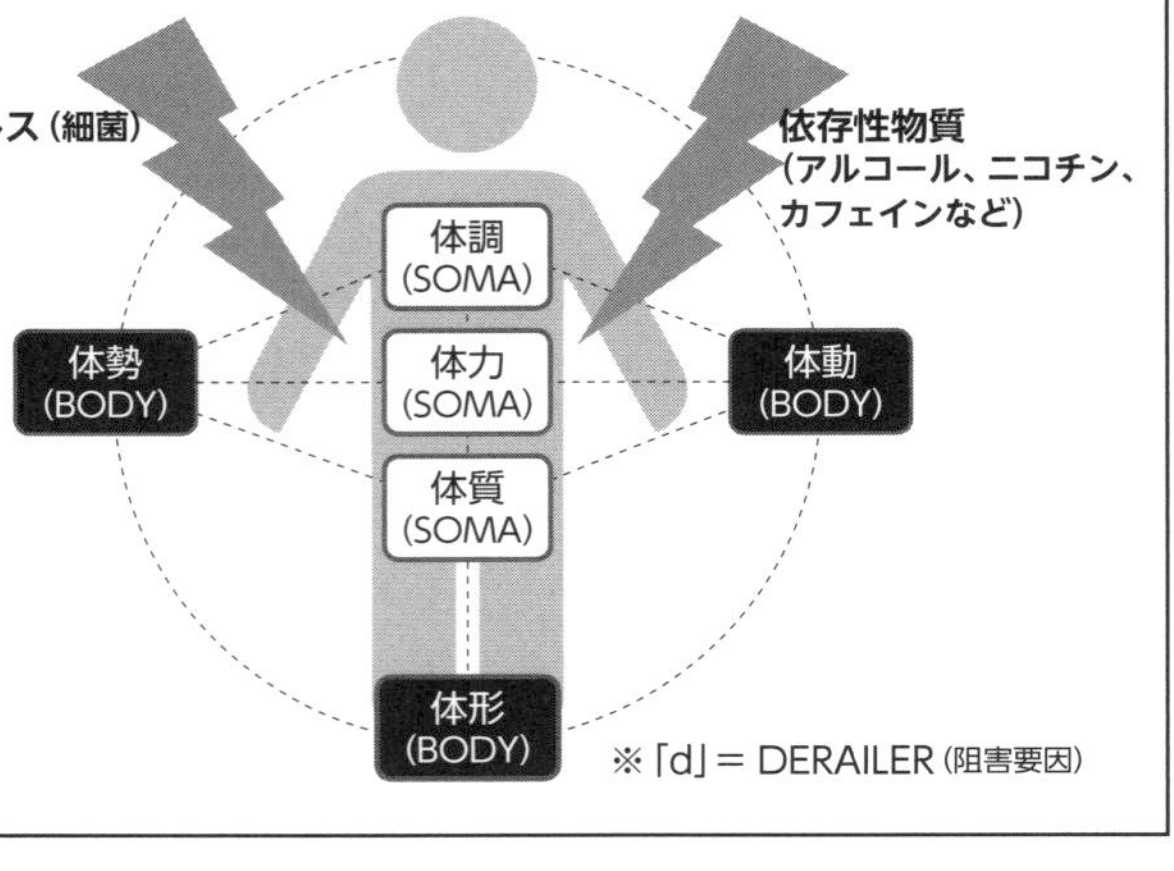

※「d」= DERAILER(阻害要因)

もちろん仕事の生産性にも大きな弊害が生じます。

ご存じの通り、生産性は「成果（量×質）」を「コスト・時間」で割って求めることができます。そのうち、分母である「コスト・時間」への喫煙の弊害としては、タバコ休憩時間が1日に何度も必要になるということです。仮に15分のタバコ休憩を1日4回とったとしたら60分も休憩をとっている計算になります。一方、分子である「成果（量×質）」への弊害としては、まず時間の経過とともにニコチン濃度の低下によって喫煙者本人がイライラして集中力が下がってしまうことに加え、タバコの臭いがしたり、ニコチン濃度の低下によりイライラしている喫煙者と接しなければならないことで周囲の非喫煙者の不平不満が溜まるといったことがあげられます。

タバコの効用はすべて「錯覚」「誤解」である

このように、タバコは喫煙者本人の健康を害するのはもちろん、「受動喫煙で他人の健康を害する」「洋服や口臭が臭く、周囲の気分を害する」「タールで歯が黄ばみ清潔感がない」「マナーを守らない喫煙者が吸殻を捨てる」など、周囲にさまざまな悪影響をおよぼすのは明らかです。

ところが喫煙者側は、受動喫煙については自分の周囲は大丈夫だと何の根拠もなく思い込んでいたり、自分の洋服の臭いや口臭には気づかなかったり、タールで歯が黄ばんでいてもコーヒーや赤ワインでも黄ばむから問題ないと言い訳したり、自分はポイ捨てしないので問題ないと考えていたり……、さまざまな思い込みや言い訳によって喫煙を続けようとします。

タバコを吸うと「頭が冴えて集中力が高まる」「気分が落ち着いて冷静になれる」など、仕事のパフォーマンスにおけるタバコの効用をあげる人もいますが、それらはすべて「錯覚」「誤解」にすぎないといわれていることをご存じの方も多いでしょう。

例えば、喫煙者が「タバコを吸うと頭が冴えて集中力が高まる」と感じるのは、タバコを吸えない時間が続いたために禁断症状として集中力の低下が生じ、そこにニコチンを補給することで頭が冴えて集中力が高まったと錯覚しているにすぎない、つまりは低下していた集中力が非喫煙者と同等のレベルに戻っただけだといわれています。

タバコを吸うのは本人の意志ではない！

さらに、「タバコは嗜好品であり、吸うかどうかは本人の意志である」というのも誤解といえます。

皆さん、これはご存じでしょうか？著者もはじめて知ったときはかなり驚きましたが、使用者が依存症になる割合はヘロインやコカインなどの麻薬よりもニコチンのほうが高いのです。さらに、依存症の人がやめる難しさは、ニコチンはコカインやヘロインと同等ということです（図15）。

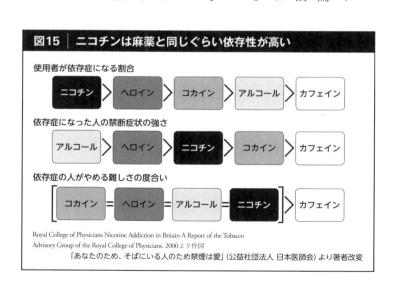

すなわち、タバコは決して嗜好品などではなく、ヘロインやコカインなどの麻薬と同程度あるいはそれ以上に強力な依存性物質であり、タバコを吸うのは本人の意志などではなく、ニコチンの持つ強い依存性が原因なのです。

図15 ニコチンは麻薬と同じぐらい依存性が高い

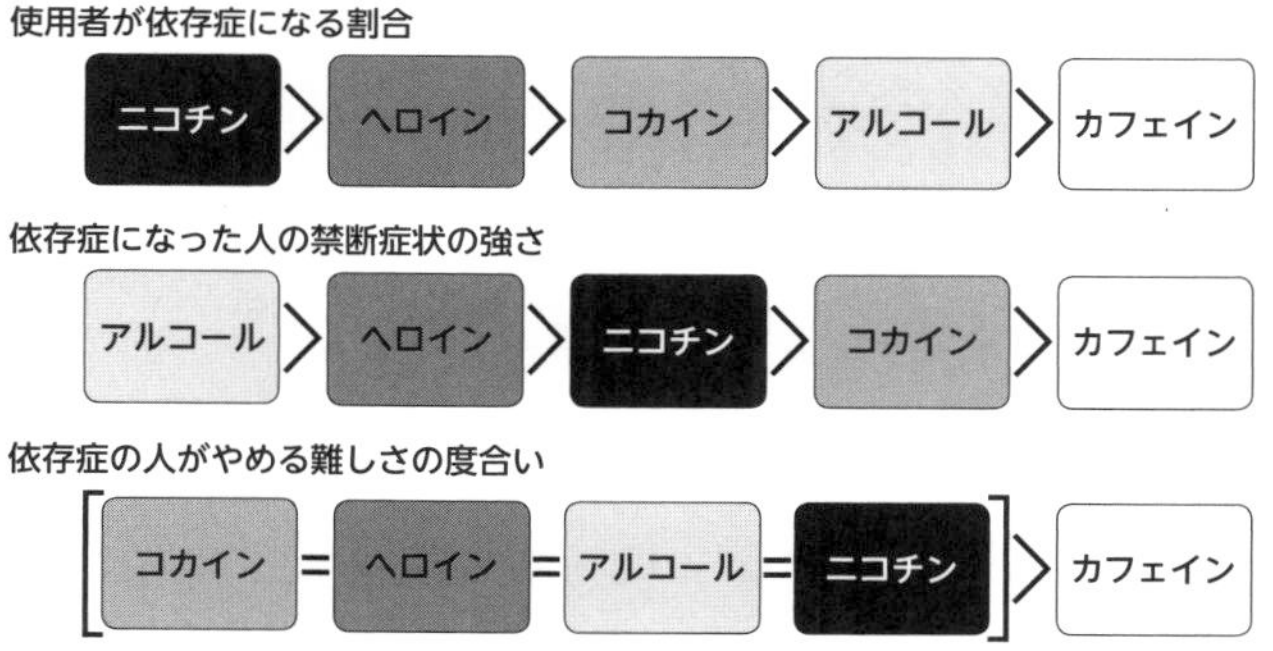

Royal College of Physicians Nicotine Addiction in Britain A Report of the Tobacco Advisory Group of the Royal College of Physicians. 2000より作図

「あなたのため、そばにいる人のため禁煙は愛」（公益社団法人 日本医師会）より著者改変このように考えると、「意志が弱いから卒煙に失敗した」というのも誤解といえます。著者はタバコを吸わないので卒煙の経験はありませんが、従来はこうした精神論的方法で卒煙を目指す人がほとんどで、そのために失敗率が高く、挫折感や罪悪感を抱く人が多かったといわれます。しかし、喫煙はニコチン依存症という病気です。これまで精神論的方法で失敗したという方も挫折感や罪悪感を覚えたり、自分を卑下したりする必要はないのです。

実際、著者の知人で30年以上の喫煙歴があるという女性編集者は、一念発起して禁煙外来に通って3カ月間の禁煙に成功したにもかかわらず、卒煙わずか4日後には再びタバコに手を出して自己嫌悪に陥ったそうです。しかし、著者と話をした際に、ニコチンは麻薬と同じぐらいやめにくく、決して意志が弱いために卒煙できないのではないと知り、再び禁煙に挑戦する気持ちが湧いてきたといいます。前回の禁煙外来から1年間は保険適応による再挑戦はできないため、自費で禁煙補助薬を処方してもらい、そしてついに念願の卒煙を果たしたそうです。

タバコを嗜まれる読者の皆さんは、喫煙はニコチン依存症という病気であるという認識を持ち、禁煙外来などを利用してぜひ何度でも卒煙に挑戦していただきたいと思います。

新型コロナウイルスが私たちに突きつけたものとは？

新型コロナウイルスによるパンデミックの発生

次に、6Tを阻害するもう一つの要因、新型コロナウイルスをはじめとしたウイルスや細菌について見ていきましょう。

ウイルスの感染経路は主に二つあります。一つ目は、感染者のくしゃみや咳などと一緒に放出されたウイルスを、口や鼻から吸い込んで感染する飛沫感染（空気感染）。二つ目は、感染者が触ってウイルスが付着したドアノブなどに触れ、その手で口や鼻を触ることで感染する接触感染です。

そして、皆さんご存じのように、新型コロナウイルスの感染経路は飛沫感染と接触感染と考えられています。

中国湖北省武漢市において病原体不明の肺炎患者が発生したとされるのは2019

年末のことです。2020年1月14日にはWHO（世界保健機関）が中国当局からの情報提供を受け、患者から新型のコロナウイルスが検出されたことを確認。その後、感染は武漢市内から中国各地へ、そして世界へと拡大し、同年3月にはWHOが「パンデミック（世界的な大流行）」と宣言しました。日本では、4月7日に7都道府県に緊急事態宣言が発令され、同月16日には緊急事態宣言が全国に拡大。緊急事態宣言は5月25日に解除されましたが、2020年12月現在も感染は終息していません。

著者は医師でも感染症の専門家でもありませんが、第2波、第3波もあると直感的に思っており、完全に終息するまでには少なくとも3年程度はかかるのではないかと感じています。新型コロナウイルスと共存しながらビジネスや日常生活を営む、いわゆるWithコロナ時代は当分続くことになるのではないでしょうか。

Withコロナ時代、BQ向上は喫緊の課題に

振り返れば、人類の歴史は感染症との闘いの歴史であったと言っても過言ではありません。14世紀ごろの中世ヨーロッパにおいて人口の3分の1が命を落としたといわれるペスト（黒死病）、20世紀初めの第1次世界大戦中に世界で5億人以上が感染し、

死者は数千万人に上るといわれるスペイン風邪など、感染症は多くの人びとの命を奪ってきました。

また、2002年にアジアなどで約800人が死亡した重症急性呼吸器症候群（SARS）、2012年に中東諸国を中心に800人以上が犠牲となった中東呼吸器症候群（MERS）などは記憶に新しいところです。

日本の歴史にも感染症の爪痕は残っており、8世紀前半の奈良時代には遣新羅使や遣唐使が感染源とされる天然痘のパンデミックが政権の中枢を直撃し、政権を担っていた藤原4兄弟（武智麻呂、房前、宇合、麻呂）の全員が死亡したと伝えられています。また、前述のスペイン風邪は日本でも猛威を振るい、2500万人が感染、38万人が死亡したといわれています。

現在、新型コロナウイルスのワクチン開発に各国がしのぎを削っているように、おそらくペストやスペイン風邪が流行したときもその時代の英知を集めて対策を練ったことでしょう。そして、今の私たちが身をもって実感しているように、その時代においても人びとの生死を分ける最後の砦となったのは、個々の生命体としての免疫力ではなかったか——と著者は考察しています。

皆さんご存じのように、新型コロナウイルスに感染した場合は長期の入院・自宅療養を余儀なくされ、仕事に大きな支障が生じるとともに、重症化すれば生命の危険に瀕することさえあります。

確かに、これまでもＢＱを高めることで自分自身の免疫力を強化することは非常に大切なことでした。しかし、Ｗｉｔｈコロナ時代を迎えた今、ＢＱ向上はまさに喫緊の課題となったのです。

社員のＢＱが経営におよぼす影響に企業が気づき始めた

一方、新型コロナウイルスの感染拡大に伴い、企業の意識にも大きな変化が見られるようになってきました。

前述のように、２０００年初頭に著者が企業の健康組織風土改革のお手伝いを始めたとき、大多数の企業は社員の健康はプライベートな問題としてとらえていましたが、健康経営というフレームワークの普及などにより社員の健康管理は企業が重点的に取り組むべき経営戦略の一つとして認識されるようになってきました。

健康経営を推進している企業の経営陣や管理職の方々にお話を聞くと、多くの企業が「喫煙者が減らない」「メタボ社員の割合が減少しない」という2大課題を抱えており、なんとかこの二つを改善したいと考えていることがわかります。

しかしその一方で、喫煙や体形の問題は個人のプライベートの問題であるという意識がまだまだ根強いため、例えば「タバコを吸うのは個人の自由だ」「食事のことまで会社に干渉されたくない」などと禁煙や減量に抵抗感を示す社員に対しては企業側もあまり強く言えないという状況があるのも事実です。

ところが、新型コロナウイルスによる未曽有の危機に直面し、さらにテレワークの定着によって社員の運動不足が懸念される中、仕事においてベストパフォーマンスが発揮できる人材を育成するためには、経営陣や管理職が社員の健康管理に良い意味で関与し、しっかりとマネジメントしなければならないという機運が企業に生じてきているように感じます。

すなわち、社員の免疫力、つまり社員のBQが経営におよぼす影響の大きさを認識し、免疫力の低下を招く喫煙やメタボなどの撲滅に本気で取り組まなくてはならないと考える企業が増えているといえます。

同時に、社員のＢＱ向上を図ることは、経営陣や管理職の重要なミッションの一つであるという意識が企業に根づき始めてきたともいえるでしょう。

リーダーシップの新たなフレームワーク

本書の読者である50代のビジネスパーソンの皆さんは、企業や団体などに勤務し、部下を率いているリーダーのポジションにおられる方が多いでしょう。

皆さんにはこれからの時代のリーダーとして、社員の健康とチームの成果、さらに社員の健康と会社の業績には相関関係があることを念頭に置いていただきたいと思います。その上で、まずは自身のＢＱ向上を図り、そしてチームメンバーのＢＱ向上に取り組んでいきましょう。

その際に必要となるのが、本書のタイトルでもある「ＢＱリーダーシップ」です。これは、20年におよぶ人材育成コンサルティングの最前線での活動、10年にわたる健康スポーツ科学分野での研究、そして著者自身の実体験を踏まえて導き出したリーダーシップの新たなフレームワークであり、Ｗｉｔｈコロナ・Ａｆｔｅｒコロナ時代のリーダーが身につけておくべき必須のビジネススキルといえるものです。

第3章

自らのBQを高める！

「自分は変われる」と信じることがすべての出発点

大切なのは、自分の体に変化を起こすこと

ここからは、50代のビジネスパーソンであるあなた自身のBQ向上に向けた考え方やメソッドについて解説していきましょう。

まず知っておいていただきたいのは、「自分は変われる」と信じられる人ならば、BQ向上は必ず実現できる——ということです。

本当に些細なことでかまいません。

例えば、「昨日まで3回しかできなかった腕立て伏せが、今日は5回できるようになった」「メタボを脱するために食事に気をつけたら、今日は体重が1kg減っていた」「50m走ると息切れしていたのに、今日は60m走れるようになった」……。自分の体のことで何か新しいことにチャレンジすると、わずかかもしれませんが昨日とは何かが

違っていることに気づくはずです。そして、そのチャレンジと小さな成功体験を積み重ねていくうちに、自分の体が少しずつ変化してくるのを実感するでしょう。そのとき、あなたの心の中には「体は年齢に関係なく変えられる！」という自信が湧き上がってくるはずです。言い換えれば、体を自分のコントロール下に置くことによって、自分を信じられるようになるのです。そして、「体は年齢に関係なく変えられる！」とわかったら、「体が変えられるなら、何だって変えられる！」と思えるはずです。「老化だから仕方がない」などと他責で諦めることなく、仕事においても人生においても常に新しいことに挑戦しようという気力と自信がみなぎってくるはずです。

だからこそ、ビジネスの成功や人生を豊かにするために真っ先に手をつけるべきは体であり、さらに具体的にいえば、「ほんの少しでも自分の体に変化を起こすこと」がすべての出発点となるのです。

体が変えられるなら、何だって変えられる！

このことは机上の空論ではなく、著者自身の経験からも明らかです。

大学卒業後、当時の富士銀行、3行合併後のみずほ銀行で営業やマーケティング・

企画などを担当していた私は、まさに仕事のためだけに生きているビジネスパーソンでした。深夜までの残業や接待での暴飲暴食など不摂生な生活がたたり、60kgだった体重はあっという間に90kgを超え、BMIは30超になりました。肩こりや頭痛は当たり前で、常に体が重く、疲れやストレスが溜まり、しょっちゅう風邪を引いて会議や商談に集中できなかったりする、まさにプレゼンティズム（50%以上!!）の状態だったのです。しかし、ある出来事を機に一念発起した私は、食事制限を徹底し、ジムにも通い体の健康を取り戻すことに全力を注ぎました。その結果、3カ月で30kgの減量に成功しただけでなく、ストレスも激減し、仕事におけるパフォーマンス——創造力、論理力、共感力、集中力——も高まっていったのです。

おとといより昨日、昨日より今日と体が変化していくのを目の当たりにしたとき、「いくつになっても体は変えられる」ということを著者は身をもって実感しました。「体が変えられるなら、何だって変えられる！」という自信が湧き上がってきました。そして、体を再び自分のコントロール下に置くことができたという確たる自信は、その後の私の仕事や人生に非常に良い影響を与えてくれたのです。

こうした経験から、私は早稲田大学大学院スポーツ科学研究科（博士課程、間野義之教授ゼミ）に入り、「健康的な体づくりこそが、強い心をつくり、能力を高め、仕事におけるパフォーマンスを向上させる土台である」という問いを立てて、「肥満とビジネス成果の関係」などをテーマにした独自の研究を行うようになりました。そして、実体験と研究成果などから導き出したのがリーダーシップの新たなフレームワークの一つである「ＢＱリーダーシップ」です。

私は現在、上場企業を中心とした経営人材育成・組織開発パートナーとして、たくさんの研修やセミナーのお手伝いをさせていただいています。プロフェッショナルとして自分のパフォーマンスが下がってきたと感じたら潔く職を辞するつもりですが、そう感じない限りは毎日登壇し続けるでしょう。もちろん、そのために日々BQ向上に取り組んでいるわけですが。そして、叶うならば、死の瞬間まで現役でありたいと思っています。ただ、登壇中に倒れて皆さんにご迷惑をおかけするのは不本意なので、できれば帰宅後のベッドの中で静かに事切れたいものです(笑)。

どうか覚えておいてください。しつこいようですが、いくつになっても、体は変えられます。体が変われば、心が変わります。心が変われば、思考が変わります。思考が変われば、行動が変わります。行動が変われば、習慣が変わります。そうしたら、仕事も人生もより豊かなものとなっていきます。70歳定年時代、人生１００年時代を迎えた今こそ、１００歳までしっかりと使える体心脳を手に入れましょう。

BQ向上に向けて押さえるべき3つの基本

6Tに大きな影響を与える「食事」「睡眠」「運動」

第2章では、BQを自分自身の体に落とし込むためのフレームワークとして6T（体調、体力、体質、体形、体勢、体動）があると解説しました。その6Tに大きな影響を与えているのが「食事」「睡眠」「運動」の3つです（図16）。

食事は主に6Tの体質と体形に、睡眠は6Tの核である体調をはじめとする6T全体に、そして運動は体力、体形、体勢、体動などに影響をおよぼします。また、食事、睡眠、運動は相互に影響し合っているため、どれか一つでも疎かにするとBQを高めることはできません。

たとえ食事の栄養バランスが整っていたとしても、睡眠不足から大量に食べてしまったら元も子もありません。睡眠不足が続いたら、ついつい無意識に食べすぎてしまっていたという経験は皆さんにもあるでしょう。

これは睡眠不足になると食欲を抑えるレプチンというホルモンの分泌が減少し、食欲を高めるグレリンの分泌が亢進するためで、栄養バランスや運動を心がけていても睡眠不足から肥満になる可能性があるのです。

また、睡眠や食事には気をつけていても、運動を疎かにしていると筋力が落ちるだけでなく、代謝が悪くなり肥満の原因ともなります。

このように、食事、睡眠、運動は相互に影響し合っているため、3つのすべてを整えていくよう心がけることが大切なのです。

図16　BQ向上に向けて押さえるべき3つの基本

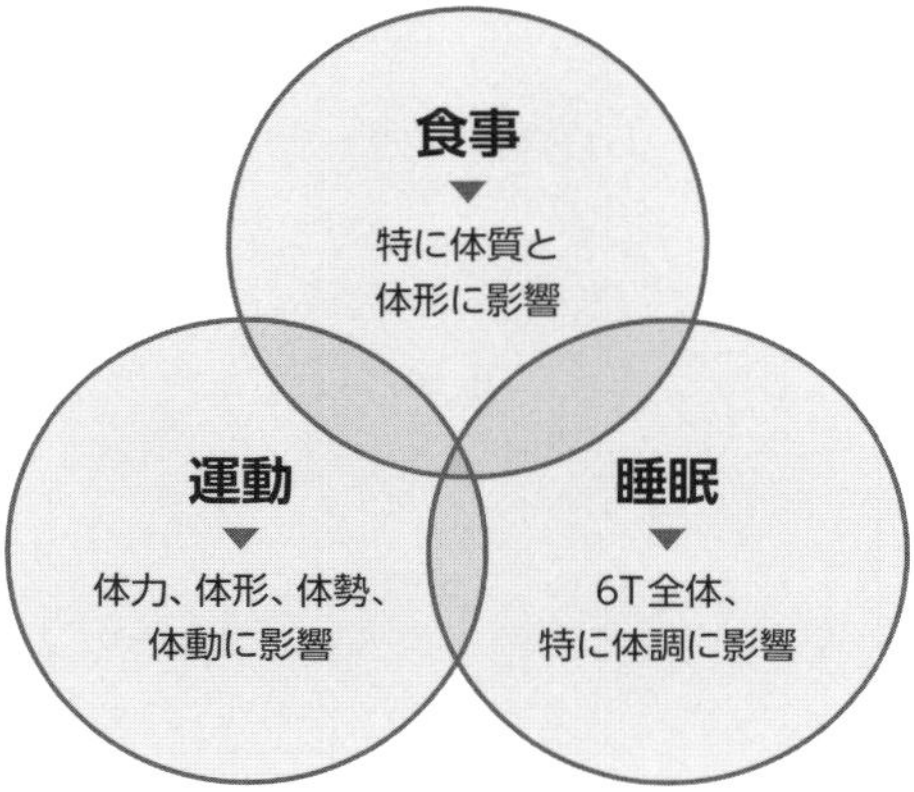

ビジネスパーソンは〝酩酊状態〟で仕事をしている？

さて、ここで問題です。

前述のように、食事、睡眠、運動はいずれも大切なものですが、あえて優先順位をつけるとしたら、いちばん重要なものはどれでしょう？

「睡眠」とお答えになったあなた、〝ガーサス〟（メディア業界用語で「さすが」の意）です！

運動も食事ももちろん大切ですが、もっとも重要なのは6Tの核である体調をはじめ6T全体に影響をおよぼす睡眠といえます。

ご存じのように、睡眠は体と脳の健康を保つためのメンテナンスの役割を果たしています。睡眠の量や質が不足すると、日中眠気に襲われる、体がだるい、集中力が続かないといったプレゼンティズムが発生します。

実際、「睡眠時間が5時間を切る日が続くと、脳はチューハイを数杯飲んだときと同じくらい機能が低下する」という報告もされています。まさか酩酊した状態で出社して仕事をする人はいないでしょう。しかし、ビジネスパーソンの多くが睡眠不足による〝酩酊状態〟で仕事をしているのだということに気づいていないのです。

また、このような身体症状が現われると、イライラしたり気持ちが落ち込んだりするなど精神的な症状も表れやすくなります。さらに、慢性的な睡眠不足は免疫力の低下を招きます。コロナウイルスやインフルエンザウイルスなどに対する抵抗力が下がり、風邪や感染症にかかりやすくなります。ストレス耐性も下がるため、仕事のプレッシャーやネガティブな刺激に反応しやすくなり、メンタルヘルスにも影響が出ます。

これほど大切な睡眠ですが、日本人は世界的に見ても睡眠不足であることがわかっています。OECD（経済協力開発機構）が2018年に行った15～64歳の男女の睡眠時間の国際比較調査では、加盟30カ国中、日本は7時間22分でもっとも短いという結果でした。こうした調査結果を見ても、睡眠の重要性についてはまだまだ認知度が低いといえるでしょう。食事、運動、睡眠の中でもっとも重要であるにもかかわらず、もっとも意識が低く量も質も足りていないのが睡眠ということです。

実際、延べ1万人以上のビジネスパーソンのパフォーマンスチェックをしてきた中で著者が気づかされたのは、睡眠がなおざりになっているためにパフォーマンスを発揮しきれず、かつそのことに無自覚な人があまりにも多いということでした。大切なのは、睡眠の重要性を理解した上で、その量と質の向上を図っていくことです。

それでは、次項から睡眠、食事、運動の3つを改善・向上するための考え方や方法について解説していきましょう。

睡眠に対するプライオリティを一番に置く

睡眠を中心に据えて1日をマネジメントする

前述のように、睡眠の目的は1日フル稼働した体と脳の疲れをとり、回復させることにあります。個人差による1〜2時間の違いはあっても、基本的にはやはり8時間程度の睡眠をとるのが理想といえるでしょう。ちなみに、著者は毎日8〜9時間の睡眠を〝気合で〟死守するようにしています。

睡眠不足を改善する方法はたった一つ、睡眠に対する生活の中でのプライオリティを一番に置き、是が非でも8時間の睡眠（人によって最適な睡眠時間は異なります）を確保することです。そのために大事なのは、プライベートと仕事を分断させずにトータルで1日をマネジメントすること。まず自分がもっともパフォーマンスが発揮できる状態をつくるには何時間の睡眠が必要か、何時に寝て何時に起きるのがベストかを考え、そこから食事のタイミング、仕事を終わらせる時間、軽い運動をいつ差し込むかといったことを決めていくのです。つまり、常に「睡眠を中心に据えて1日をマネジメントする」ということです。

そのときに活用したいのが睡眠の世界でいわれている「4・6・11の法則」です。

夜更かしが生活習慣になっている方は、まずそれまでの起床時間より1〜2時間早起きをすることから始めましょう。起床したら、4時間以内に太陽の光を浴びます。太陽の光を浴びることで体内にセロトニンが生成され、体内時計のタイマーがリセットされて1日の活動が始まります。

加えて、起きてから6時間後に、一瞬、情報を遮断してあげる時間を持つことも大切です。例えば朝6時に起床した場合は、昼食後に仮眠などをとって情報のインプットを遮断するようにします。さらに起きてから11時間後、17時過ぎごろには軽いストレッチを行うとよいでしょう。この時間に体を軽く動かすことで少し体温が上がり、体はゆっくりと入眠に向けた準備を開始します。そして、起きてから14〜16時間後に今度は睡眠ホルモンとも呼ばれるメラトニンが分泌され始めます。つまり、朝6時に起きれば遅くとも夜10時には眠くなるというサイクルができるのです。

睡眠の質を悪くする要因を排除する

一方で、睡眠時間は足りているのに疲れがとれないという人は、睡眠の質が関係している可能性が高いでしょう。睡眠の質を悪くする原因の一つに、深夜のパソコンやスマートフォンの操作があります。これはパソコンなどの画面が発するブルーライトを浴びることで、眠気を誘うホルモンであるメラトニンの分泌のバランスが崩れるために、「寝つけない」「途中で目が覚めてしまう」といった状態を引き起こすのです。パソコンやスマートフォンは就寝の2時間前からは見ないようにするとよいでしょう。

寝酒も睡眠の質を悪くする大きな要因です。アルコールで脳が麻痺状態となり、眠気を覚えるため、よく眠れると思いがちですが、実際は逆効果です。アルコールは体内でアセトアルデヒドという物質に分解されます。アセトアルデヒドには覚醒作用があるため、眠りが浅く、いびきをかきやすくなり、結果的に睡眠の質を低下させてしまうのです。寝酒を習慣にしている方は、ぜひ一度見直していただきたいと思います。

このように生活習慣の改善を図り、最適な睡眠時間を確保することを1週間続けてみてください。3～4日目には徐々に体調が改善して集中力が増し、1週間が経ったころには毎朝、目覚めのタイミングでパフォーマンスの高まりを実感できるはずです。

口から取り入れるものに関して無自覚になってはいないか⁉

多忙なビジネスパーソンほど糖質過多になりやすい

皆さんは、食事に関してもっとも健康を阻害する要因は何だと思われますか？　栄養バランスの偏り、早食い、それとも深夜の爆食いでしょうか？

もちろん、それらも健康を阻害する大きな要因であることに違いありませんが、著者が一番の要因と考えるのは、多くの人が「自分の口から体に取り入れるものに関して無自覚・無頓着すぎる」ことです。

例えば、三大栄養素といえば「たんぱく質」「糖質」「脂質」ですが、普段自分はこのうちのどの栄養素をもっとも摂取しているという認識があるでしょうか？

多忙なビジネスパーソンほど陥りやすいのが糖質過多な食生活です。ご存じの通り、糖質とはごはんやパン、麺類などの主食やイモ類などに多く含まれる栄養素であり、おにぎりやサンドイッチ、カップラーメン、パスタ、カレーライス、ラーメン、牛丼、蕎麦、うどんなど、コンビニや外食で手っ取り早く安価に摂取できるメニューはまさに糖質のオンパレードなのです。

まずは自分たちがこうした糖質過多になりやすい環境に身を置いているということを理解していただきたいと思います。その上で、目の前の食べ物に無意識に手を伸ばす生活を送っていると、知らず知らずのうちに糖質を過剰に摂取することになり、結果的に不健康になる可能性が高いということを認識してください。50代だからこそ自分の口から体に入る食品は、ぜひとも意識的に選択していただきたいと思います。

食生活で気をつけるべき3つのポイント

私が食生活で特に留意しているのは大きく3つです。

一つは、筋肉など体をつくる栄養素である「たんぱく質を十分に摂取すること」。

厚生労働省の発表によると日本人のたんぱく質摂取量は1950年代と同水準で、糖質過多の食環境により多くの人がたんぱく質不足になっていると考えられます。こうしたことからもたんぱく質を意識的に摂取することが重要といえます。

その量についてはさまざまな意見があると思いますが、私はたんぱく質、糖質、脂質の割合が「5対2対1」ぐらいになるように意識して、たんぱく質の摂取量をとにかく増やすようにしています。計算しながら摂取しているわけではありませんが、このくらいのイメージを持って食事を選んでいると十分にたんぱく質を摂ることができ、体の調子も良いことが実感できています。

もう一つは、「腐りやすいものを選ぶ・食べること」です。

一般的に、人の手がなるべく加わっていない食品のほうが、体の害にはなりにくいものです。賞味期限が長い加工食品には、砂糖や食塩などの調味料、着色料や保存料などの添加物が入っています。加工食品は手軽ですが、同時に負の側面も持ち合わせている場合があることを認識しておきましょう。

例えば、野菜を購入するときは、添加物で洗浄・殺菌されているカット野菜よりも、丸ごと販売されている野菜のほうが自然の状態に近いでしょう。肉や魚も調味されているものより、元の形そのままのほうが添加物もなく鮮度もよい可能性が高いといえます。また、牛乳も賞味期限が1週間のものよりも、1~2日のものがより自然に近いといえるでしょう。少し手間ですが、著者はそんな判断基準で食品や飲料を選ぶようにしています。

3つ目は、「できるだけ調理すること」です。

著者の食生活について少しだけお話ししますが、私は現在の仕事の特徴から、昼食はここ10年摂取していません。朝は水分とたんぱく質を摂取するために、プロテインジュースを牛乳で割って飲み、夕方の17〜18時前後に夕食として牛肉の赤身を1日1kg前後と生野菜を少々食べて終わりです。

そのため調理といっても肉を焼くぐらいですが、調味料や添加物が入った出来合いの総菜や加工食品ではなく、できるだけ形あるもの、生のもの、自然に近いものを食べることを大切にしています。

念のため、著者は白米やパスタ、お菓子などの糖質を食べるな！ とか、添加物を排除しろ！ などと言っているのではありません。そんなことは現実的ではありませんし、人間が仮に無菌状態で過ごしていたら、多種多様な菌が存在する場に戻った瞬間に死んでしまうのと同様、糖質や添加物を少しでも食べたら体に変調をきたすようになってしまうでしょう。そうではなく、逆に人間は多少の毒を食らってもびくともしないタフさを持ちつつ、口に入れるものへの意識を高めることが必要だと私は考えています。

大切なのは、自分が体への毒も含めてさまざまな食材・食品があふれる現代社会に身を置いていることを自覚し、その上で自らの口に入れるものを意識的に選択すること、毒を食すときも無自覚ではなく毒とわかった上で食すこと、そして多少の毒を食らってもびくともしないタフさを手に入れることなのです。

50歳を超えたら地産地消で本物を食す！

もう一つ、50代のビジネスパーソンだからこそ、BQ向上のために食事面で実践していただきたいことがあります。それは「地産地消で本物を食すこと」です。

例えば、カニを食べたいと思ったらカニ専門店に行くのではなく越前に飛ぶ、桜エビが食べたいなら沼津を訪ねる、海ブドウを食べるなら沖縄に飛ぶ……。そんなふうに、50代になって時間やお金に少し余裕が出てきたら、現地で本当にとれたばかりのものを食べて「本物」を知る。そうすることで、食の面はもちろん、心も豊かになるのではないでしょうか。

50代のビジネスパーソンの嗜みの一つとして、ぜひそうした行動も大切にしていただくとよいと思います。

テレワーク環境下でビジネスパーソンに必要な運動とは？

新型コロナウイルス感染拡大を機に変化した働き方

ＢＱを高めるために必要な運動についての考え方や手法については、拙著『図解ＢＱ―身体知能―リーダーシップ』で詳しく解説していますので、本書では特にＷｉｔｈコロナ時代において必要となる運動について考察していきたいと思います。

Ｗｉｔｈコロナ時代を迎え、ビジネスのあらゆる領域ではＢｅｆｏｒｅコロナ時代とはガラリと異なる常識や価値観が求められるようになりました。その中でも特に大きな変化を遂げたのが働き方、すなわちテレワーク・在宅勤務の拡大です。

これまでも大企業を中心にテレワークを可能としている企業はありましたが、実際にテレワークを活用する社員は少数派でした。

しかし、新型コロナウイルスの感染が拡大し、2020年4月7日には緊急事態宣言発令に伴う外出自粛要請が出されたことから、半強制的にテレワークを実施する企業が激増しました。

緊急事態宣言は5月25日に解除されましたが、それ以降もテレワークを継続する企業は多く、大手菓子メーカー・カルビーがオフィスで働く社員は原則テレワークを無期限で続けると発表したのは記憶に新しいところです。そして、Withコロナ・Afterコロナ時代において、テレワークを導入し、そのまま継続する企業はさらに増えるでしょう。

テレワークによる体へのリスクを軽減する

皆さん実感しておられると思いますが、テレワークやオンライン会議・商談の定着によるメリットとしては、通勤時間や取引先への移動時間の削減、それに伴う業務効率の向上や時間的な余裕の確保などがあげられるでしょう。

一方のデメリットとしては、家から出ず、歩く時間も減少し、パソコン作業などで長時間座りっぱなしになりがちということです。長時間座り続けると血流や筋肉の代謝が低下し、心筋梗塞や脳血管疾患、肥満、糖尿病、がん、認知症などを招きやすくなる危険性が指摘されています。さらに、1日に座っている時間が4時間未満の人と比べ、1日に11時間以上座っている人は死亡リスクが40％も高まるという研究結果もあります。30分に1回立ち上がって動くと座りすぎによる健康リスクが軽減されるといわれていますので、できるだけ在宅中の仕事の合間に「立つ」「動く」ことを意識しましょう。

もう一つ、気をつけたいのが消費エネルギーの減少による体形への影響です。

これについては著者自身も大いに考えさせられました。私は普段東京青山にあるオフィスには出勤せず、自宅から直接お客さまのところに行ってセミナーや研修のお手伝いをさせていただいており、その数は年間250回ほどになります。

それが新型コロナウイルスの感染拡大によって移動と登壇が一気になくなったわけです。普段登壇中は1日中立っているのが常ですから、セミナーや研修がすべて延期になったときも自宅で立って仕事を続け、習慣にしている運動（ローラー腹筋と片手腕立てを1日1分ほど）を行い、さらに追加の運動も取り入れて以前と同じエネルギー消費量となるよう心がけていました。しかし、体重が徐々に増えるのです。なぜだと思われますか？

答えは「声」、すなわち「発声によるエネルギー消費」です。実際、セミナーや研修がオンラインに移行し、再び皆さんにお話しするようになった途端、体重は元に戻りました。こうした経験から、声を出す、話すということがいかにエネルギーを消費していたかを実感したわけです。


テレワーク勤務への移行による体重の増加を感じている方は、一例として運動強度の指数である「メッツ」を用いて自分に適した運動の追加を考えてみるのもよいでしょう。

厚生労働省が発表している「健康づくりのための身体活動基準２０１３」では、18～64歳の日常生活で体を動かす量（生活活動・運動）の基準は「強度が３メッツ以上の身体活動を週23メッツ・時行う」としています。

図17に示すようなものが3メッツ以上の身体活動で、例えば犬の散歩を2時間したら「3・0メッツ×2時間＝6メッツ・時」となり、その合算が1週間で「23メッツ・時」ならば基準に達しているということです。厚生労働省ではこれらの身体活動を毎日1時間行うと基準に達し、それを歩数に換算すると1日当たり８０００～1万歩になるとしています。

まずはあなたの現在の身体活動が何メッツぐらいなのかを計算し、18～64歳の基準である「23メッツ・時」との差を割り出した上で、1時間掃除をする、階段を速く上がるなどの身体活動を取り入れてみてはいかがでしょう。この方法を用いると、自分に不足している身体活動量を合理的に把握することができるのでお勧めです。

ビジネスパーソンのBQにさらなる格差が生まれる

テレワーク環境下で、ビジネスパーソンのBQにはこれまで以上に格差が生まれるのではないかと著者は考えています。

図17　3メッツ以上の身体活動の例

身体活動	メッツ
普通歩行	3.0
犬の散歩	3.0
掃除	3.3
自転車	3.5～6.8
速歩き	4.3～5.0
子どもと活発に遊ぶ	5.8
農作業	7.8
階段を速く上がる	8.8

厚生労働省「健康づくりのための身体活動基準2013」より作成

Ｂｅｆｏｒｅコロナ時代は通勤・移動により誰もがある程度のエネルギーを消費し、多くの人が昼食は外食に頼り、ときどき同僚や上司と居酒屋で盃を傾けるといった生活ではなかったかと思います。

しかし、そうしたことが皆無であるテレワーク環境下では、自らの食事や運動、睡眠をどのようにマネジメントしていくかはより個人の意識に委ねられるようになったといえるでしょう。

すなわち、睡眠や食事、運動に高い意識を持てる人はＢｅｆｏｒｅコロナ時代よりもＢＱ向上を目指しやすくなる半面、そうでない人はかえって生活習慣が乱れてＢＱ低下を招きやすくなったといえるのです。

読者の皆さんはそのことをしっかり認識し、テレワーク環境下だからこそより高い意識を持ってＢＱ向上を目指していただきたいと思います。

今こそ、ビジネスパーソンとしての課題を解決する！

「WHAT・WHY・HOW」～問題発見解決のためのフレームワーク

皆さんは、仕事において常にベストパフォーマンスを発揮できていますか？

そう聞かれて「自分は常にベストパフォーマンスを発揮している」と断言できる人は多くはないのではないでしょうか。

断言できない理由、すなわち自分自身の課題に、前述のプレゼンティズムをあげる人もいるかもしれません。あるいは今現在も仕事におけるパフォーマンスは高いけれど、さらに上を目指して課題を設定しているため、今の自分がベストパフォーマンスを発揮しているとはいえないと考えている人もいるかもしれません。

いずれにしても、あなたがビジネスパーソンとしての課題を持ったとき、効率的・効果的に解決するために活用していただきたいツールの一つに、問題発見解決のプロセスである「WHAT・WHY・HOW」というフレームワークがあります（図18）。

例えば、50代のビジネスパーソンであるあなたの課題が「商談の成功率向上」であったとしましょう。ありたい姿（To be）は「商談成功率95％」であるのに対し、現状（FACT）は「商談成功率70％」だったとすると、問題（WHAT）は「商談成功率が25ポイント低い」ということになります。

その原因（WHY）としては、「お客さまにとって魅力的なプレゼンテーションができていないから」「お客さまとの信頼関係が構築できていないから」といったことがあげられるでしょ

図18　「WHAT・WHY・HOW」のフレームワーク

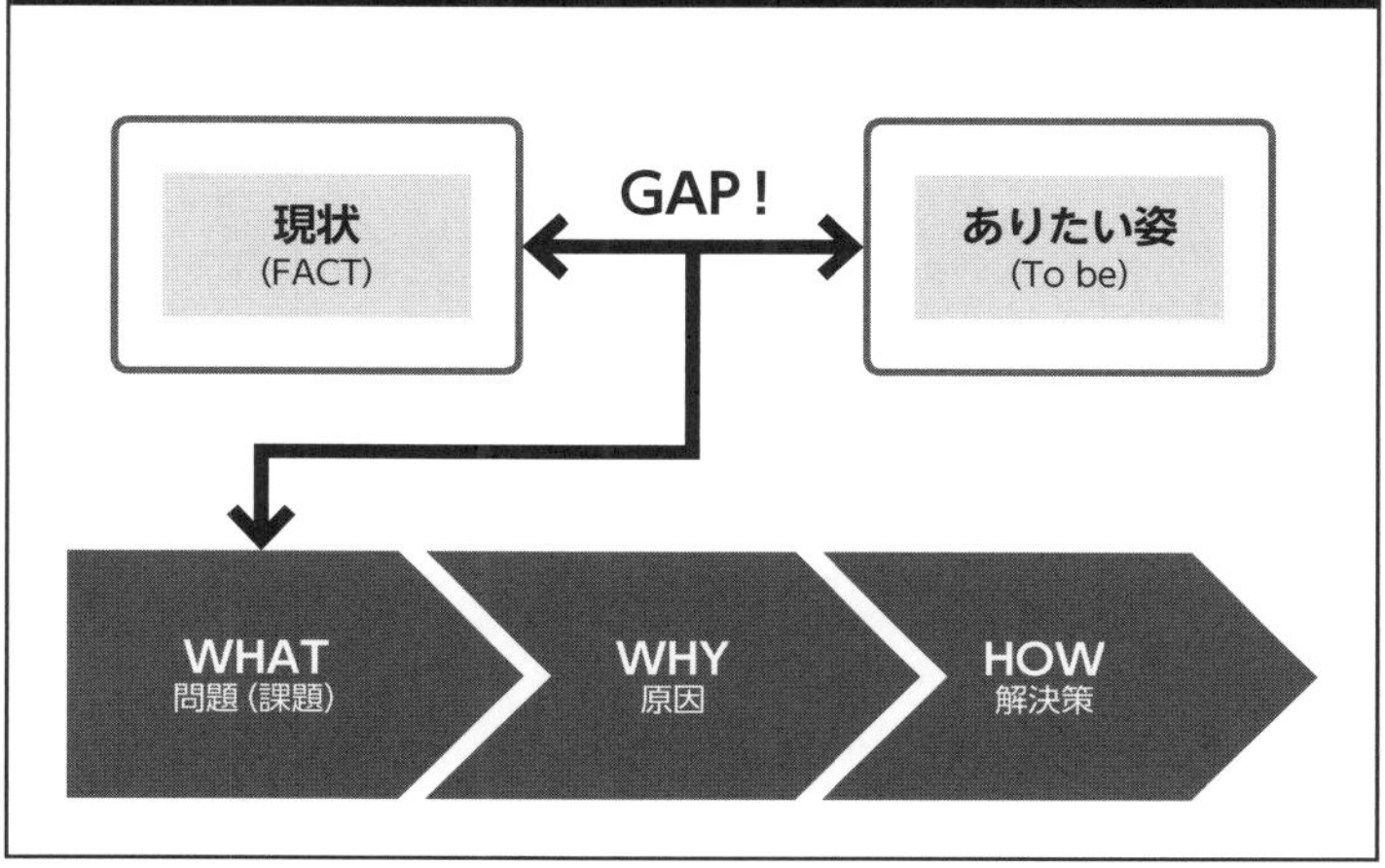

う。これらをBQの視点から考えると、「お客さまにとって魅力的なプレゼンテーションができていない」のは「睡眠の質が悪く、集中力が低下しているために提案力が落ちている」、「お客さまとの信頼関係が構築できていない」のは「疲れがたまっていて十分なコミュニケーションがとれていない」ためといった仮説が立てられます。すなわち、BQの観点から見ると、「体調」が整っていないことが原因なのではないかと推察できるわけです。

このように、提案力やコミュニケーション能力といったスキル向上を図る前に、まずBQに立ち返ってみることが大切です。さらに深掘りした結果、立て続けに接待を入れてしまい疲れがとり切れていない、自宅でも寝る直前までパソコンで資料づくりをしているため寝つきが悪いなど、「体調」に悪影響をおよぼす生活習慣が真の原因であることが明らかになれば、「接待の回数を減らす」「就寝の2時間前からはパソコンを見ない」「睡眠時間を確保し、質の良い睡眠をとる」といったより具体的な解決策（HOW）を導き出すことができるわけです（図19）。

重要なのは、集中力の低下などパフォーマンスが落ちている原因（WHY）を明確にした上で、BQにおける6Tのどの要素を改善すればよいのかを絞り込み、具体的な

図19　〈例〉商談成功率を25%向上させる

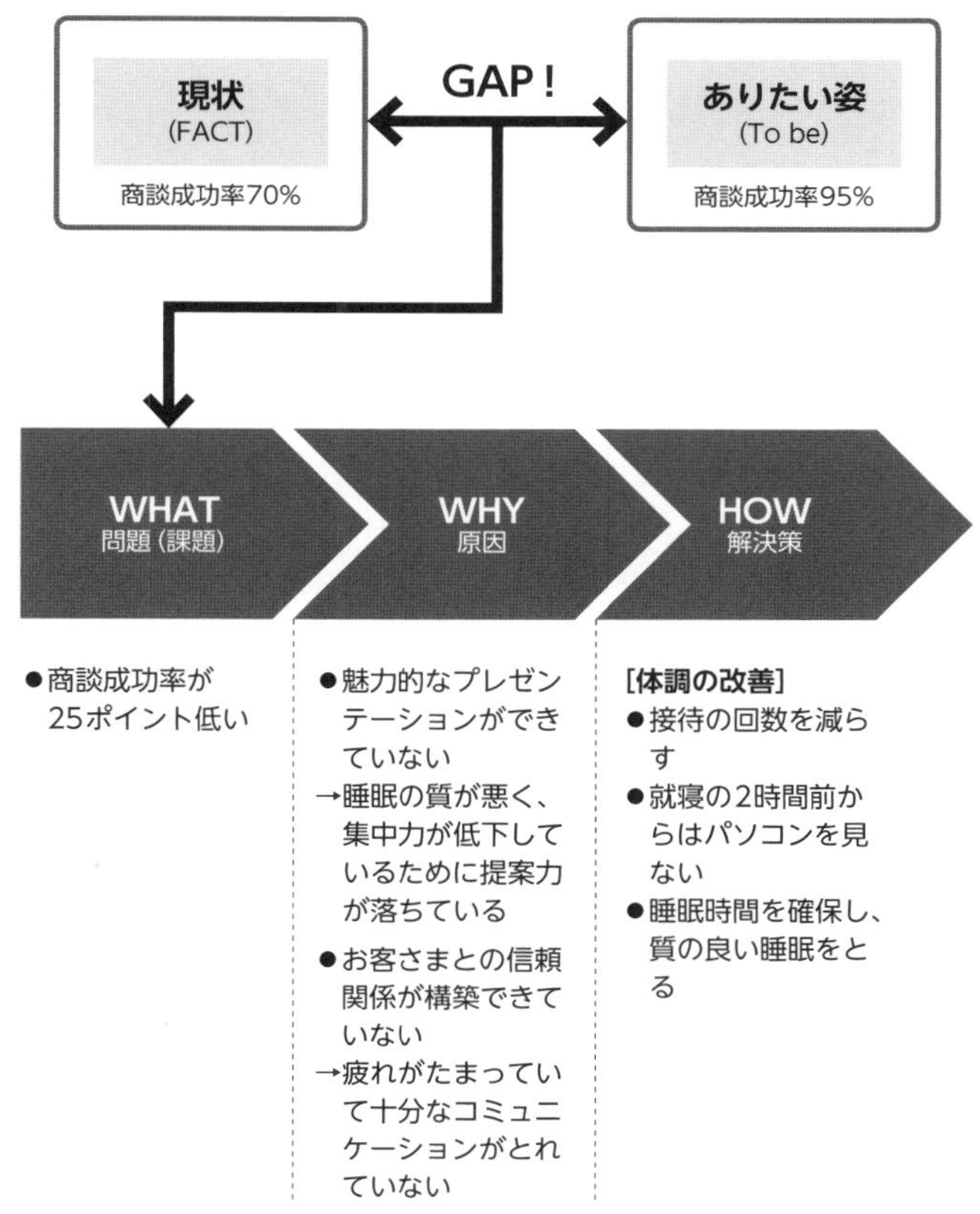

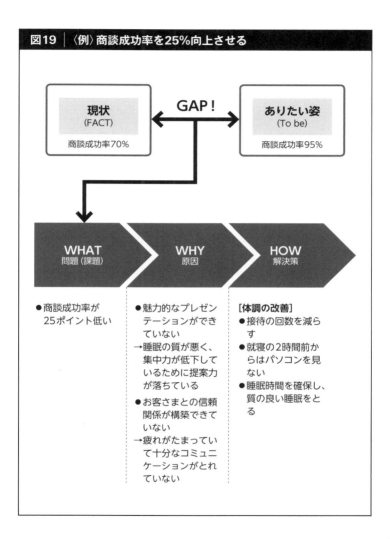

解決策（HOW）を考えていくことです。そうすることで、あるべき姿（To be）に着実に近づいていくことができるでしょう。

また、あるべき姿や目標が曖昧だと積極的にコミットすることができず、目標達成が難しくなります。あるべき姿や目標は明確かつ具体的に設定しましょう。そして、本気で「こうありたい」という意志と信念を持つのです。明確かつ具体的な目標設定をすることで、自然と行動が変化し、目標達成に向けて加速度的に進化することも容易となります。

「健康ABテスト」で解決策（HOW）の最適化を図る

「WHAT・WHY・HOW」のフレームワークで導き出した解決策（HOW）が「睡眠時間を確保する」だったとしましょう。

一般的には8時間程度の睡眠をとるのが理想といわれますが、それはあくまで一般論です。長時間眠らないと頭が冴えないという人もいれば、1日5時間の睡眠でも平気という人もいます。つまり、8時間であれ、7時間であれ、ぐっすり眠れたと感じることができれば、その時間が自分にとっての最適な睡眠時間ということです。

同様に、世の中で「健康に良い」といわれていることについては、興味があるならばまずは試してみることが大切です。実際に試してみて自分に適していたら継続する、適していなければやめるという判断をしましょう。大切なのは、一般論やメディアなどの情報を鵜呑みにするのではなく、何が自分にとって最適なのかを自分自身で見極めることです。

何が自分にとって最適なのかを見極める際にお勧めなのが、「健康ABテスト」です。これは私が90kgから60kgへとダイエットしたころから取り入れ、今現在も行っている手法でもあります。ABテストとは主にインターネット・マーケティングで使われる手法で、二つの施策のどちらが有効であるかを判断する方法です。

やり方は簡単です。Aの行動をした場合と、Bの行動をした場合を比較し、体や心、脳にどんな変化があるのかを確認することで、自分にとって最適な行動とは何かが見えてくるというものです。

例えば、前述のように「A　8時間睡眠をとる」「B　5時間睡眠をとる」という二つの行動をした場合、体の調子はどうか、仕事のパフォーマンスにどのような影響があるかなど、自分自身の感覚で比較するわけです。数日だけでは変化が表れにくいため、

Aの行動を1～2週間した後、Bの行動を同じく1～2週間するというようなスパンで行います。

図20は、著者が実際に行った健康ABテストの一例です。「A夕食の主菜に牛肉を食べた」場合は翌日の午前中はずっと元気だったのに対し、「B夕食の主菜に魚を食べた」場合は翌日の11時ごろにはエネルギー切れを感じました。

また、「A 6時間睡眠」の場合は翌日の12時ごろまで頭がボーッとしていましたが、「B 8時間睡眠」の場合は翌日の朝からずっと元気な状態を維持することができました。このテストにより、著者が1日の中でエネル

図20　著者が行った健康ABテストの一例

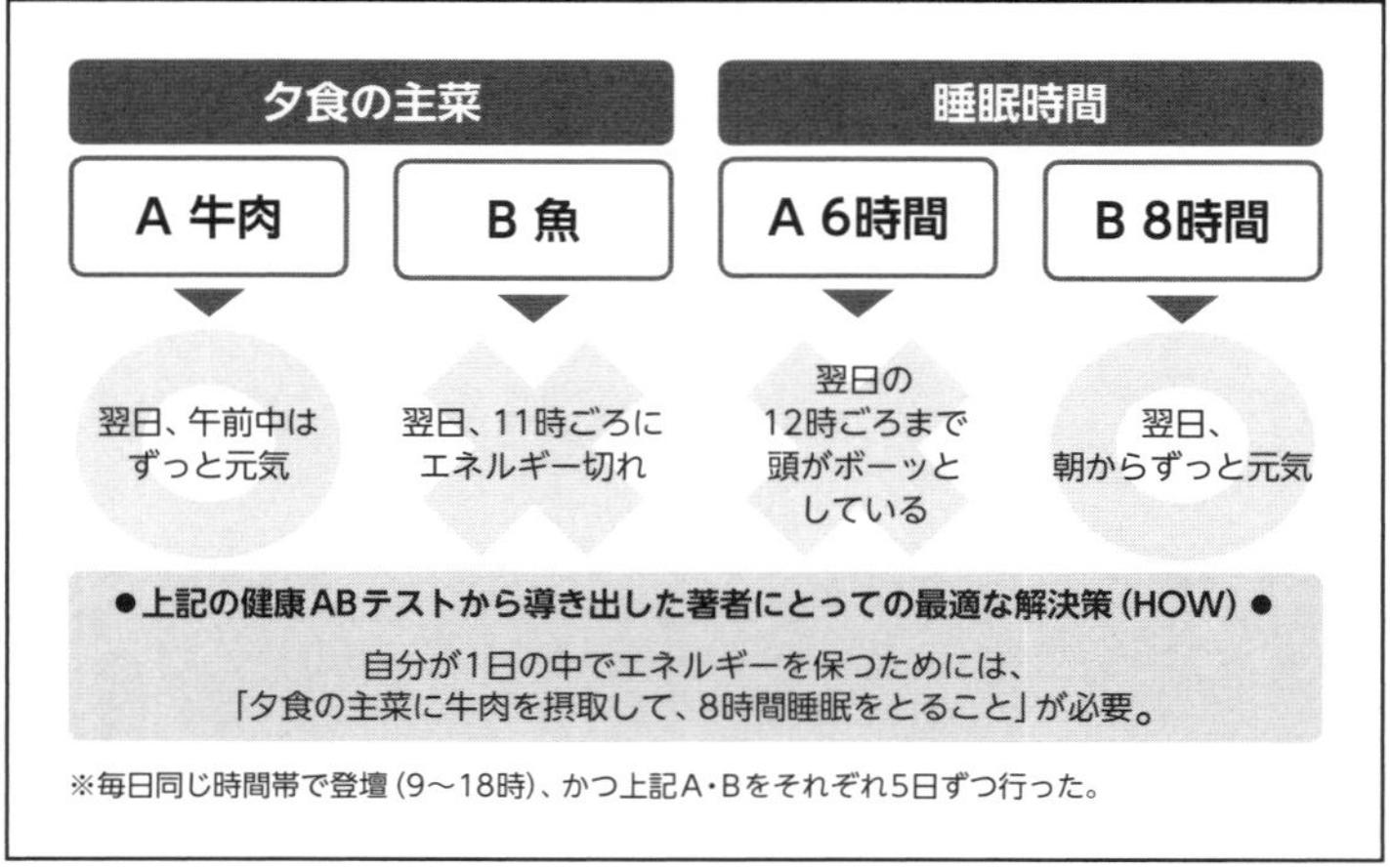

※毎日同じ時間帯で登壇（9～18時）、かつ上記A・Bをそれぞれ5日ずつ行った。

ギーを保つためには「夕食の主菜を牛肉にし、8時間睡眠をとる」ことが必要だとわかるわけです。

他にも著者は「A食事を1日に2食食べる」「B食事を1日に3食食べる」、「A1日に硬水を4ℓ飲む」「B1日に軟水を4ℓ飲む」など、さまざまな健康ABテストを繰り返してきました。

そうすることで、それまで深く考えずにとっていた一つひとつの行動を見直し、どのような行動が自分の調子の良さにつながり、どのような行動が不調の原因になるのかがくっきりと見えてくるようになりました。

また、健康ABテストは一度やったらおしまいではなく、繰り返し行うことが大切です。例えば、営業職から事務職への異動、単身赴任による生活環境の変化、コロナ禍による働き方の変化などは、当然体にも影響を与えます。だからこそ、改めてABテストを意図的に試してみて、どの解決策（HOW）が今の自分に最適なのかを常に確認しておく必要があるのです。

前述のように、普段私は夕食として牛肉の赤身を1日1kg前後食べていますが、コロナ禍で研修やセミナーへの登壇が一気になくなりエネルギー消費量が減少した際は、牛肉何gが今の自分に最適なのか、あるいは鳥肉や豚肉のほうが適しているのかなど、毎日健康ABテストを行いました。

また、私は自宅でも店でも牛肉の味つけは塩胡椒のみですが、コロナ禍でいつもの店が閉まっていて別の店に行った際に誤ってバターやデミグラスソースで味つけした牛肉が出てきて、それを食べたら翌日のお通じが明らかに悪くなりました。これは、調味料などほんの些細なことでも体の中に起こる化学反応が違ってくることを実感させられる出来事でした。

皆さんもできる範囲でぜひ体や心、脳の健康ABテストを試してみてください。どのようなABを設定してよいか悩むという方は、図21の「健康ABテストの例」を参考にしてみてください。コツは、インプット（行動）の要素とアウトプット（結果）の要素の組み合わせを意識することです。

健康ABテストのPDCAサイクルを回すことで、「何時間寝て、何を食べたら調子が良いのか」「何をすれば仕事においてベストなパフォーマンスを発揮できるか」、そして「どんな行動ならば無理なく続けられるか」など、皆さんもすぐにわかるようになるはずです。そうやって自分に最適な方法を見つけること――、それがそのままBQを高めることにつながるはずです。

図21 健康ABテストの例

	Input		Output
体の健康	たんぱく質の摂取の仕方は…	A 牛肉から B 牛肉以外から	翌朝の体重の増減は？
体の健康	夜にアルコールを…	A 摂取する B 摂取しない	翌朝の疲労の抜け具合の高低は？
体の健康	今日1日の体勢は…	A 立ちっぱなし B 座りっぱなし	翌朝の体重の増減は？
脳の健康	17時以降にカフェインを…	A 摂取する B 摂取しない	寝つきの違いによる翌朝の脳のスッキリ度は？
脳の健康	夜にアルコールを…	A 摂取する B 摂取しない	翌朝の脳のスッキリ度は？
脳の健康	朝食メニューは…	A 普段と同じもの B 普段と違うもの	午前中の集中力の高低は？
心の健康	夕食に牛肉を…	A 摂取する B 摂取しない	翌朝の心のエネルギー充填度合いの高低は？
心の健康	睡眠をとる場所が…	A 自宅 B 出張先のホテルなど自宅以外	翌朝の不安感の有無は？
心の健康	眠る前に、軽いストレッチやローラー腹筋を…	A する B しない	睡眠の質の高低は？

どんな状況でも結果を出せる脳をつくる

健康でよく働く脳をつくるための3つの行動

本書の読者である50代のビジネスパーソンの皆さんの多くがチームを率い、ビジネスの最前線で高い結果を求めて日々奮闘しておられると思います。グローバル化やＩＴ化、少子高齢化の進展、そしてＷｉｔｈコロナという先行き不透明な時代はビジネス環境の変化が激しく、予測できない事態が次々と起こるでしょう。そうした視界不良の中でも最適解を導き出し、チームメンバー一人ひとりの能力を引き出しながら結果を出すためには、脳が健康でよく働く状態であることが必須となります。

そのためには、睡眠時間をしっかり確保する、運動で脳を成長させる、脳に悪いストレスから身を守る、瞑想を取り入れるなど、さまざまな方法をあげることができます。しかし、特に50代のビジネスパーソンにとって脳に関して重要な行動はずばり3

つだと著者は考えます。すなわち、「好奇心を持つ」「新しいことをしてみる」「集中すべき事柄を取捨選択する」の3つです。

前述のように、仕事におけるパフォーマンスは、「創造力」「論理力」「共感力」「集中力」という4つのスキルに因数分解することができます。

もちろんいずれも重要なスキルですが、どんな状況でも結果を出すとしたときに最重要となるのは、新しいアイデアや施策を生み出すための「創造力」、今この瞬間に集中するための「集中力」の二つでしょう。

そして、この二つのスキルを高めるための行動が前述の3つ――「好奇心

図22 「創造力」「集中力」を高める3つの行動

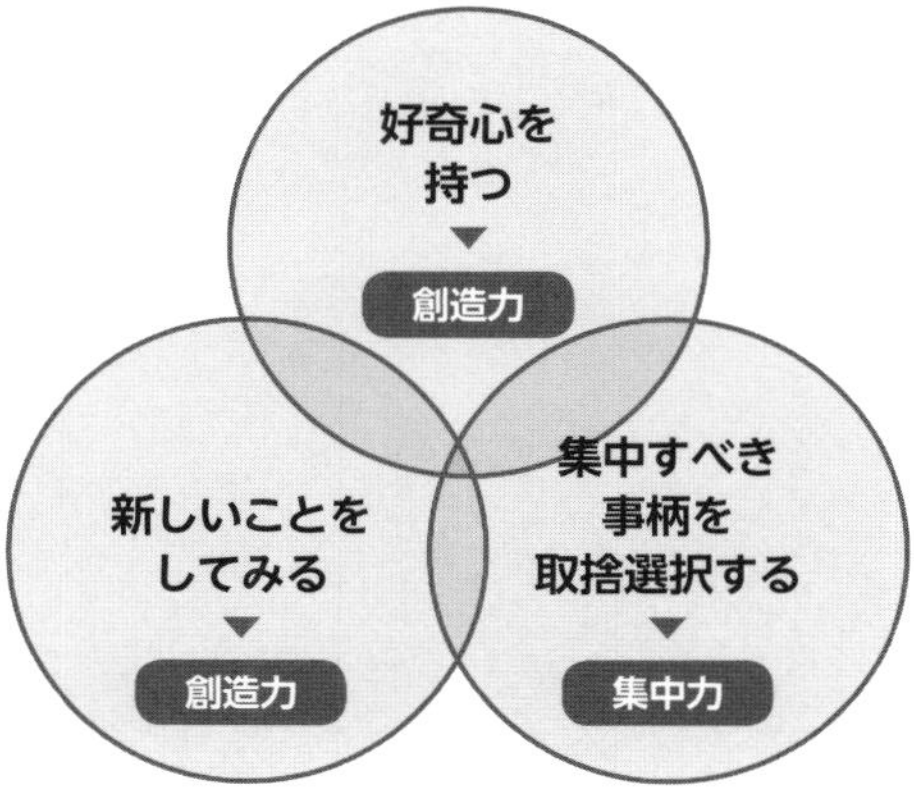

を持つ」「新しいことをしてみる」は創造力強化のための行動、「集中すべき事柄を取捨選択する」は集中力向上のための行動――ととらえていただきたいと思います(図22)。

「若いときのほうが創造的だ」は本当か?

まずは創造力を高めるための行動について解説していきたいと思いますが、その前に皆さんに質問があります。

あなたは、自分のような50代のビジネスパーソンよりも、20代、30代の若手のほうが創造力に富んでいるとお考えでしょうか?

確かに、社会を変えるような革新的な発明や発見は若いときになされることが多いイメージがあるため、若いときのほうが創造的だとよくいわれます。しかし、それは思い込みである可能性が高いと著者は考えています。

創造するといっても無から生まれることはほぼないといわれています。私たちが培った経験や知識などは記憶として脳に蓄えられますが、創造とはこれら脳に記憶された経験やスキル、知識が編集され、新しいかたちで融合、同化し活用されることなのだといいます。すなわち、一見まったく新しい発想に見えるものでも、実は蓄えられた記憶を基にしているということなのです。そうだとしたら、長い人生の中でさまざまな経験やスキル、知識を蓄えてきた50代のビジネスパーソンのほうが、若手よりも圧倒的に創造力に富んでいるといえるのではないでしょうか。

50代のビジネスパーソンの皆さん、「創造力は若手に負ける」「加齢とともに創造力は枯れる」などという思い込みは今すぐに捨ててください。創造力を高めるための行動を心がければ、歳を重ねるごとに創造力は最強になっていくのです。

「確証バイアス」を認識し、脳をゼロにリセットする

それでは、創造力を高めるための行動について解説していきましょう。

「確証バイアス」という言葉をご存じでしょうか？　私たちは仕事でもプライベートでも自分が試した方法がうまくいったら、今度もそのようにしようと無意識的に考えます。そして、成功体験が積み重なれば積み重なるほど自分のやり方に自信を抱くようになります。これを心理学用語では「確証バイアス」と呼びます。

もちろん成功体験を積み重ねて自信を持つことは悪いことではありませんが、時に過去の成功体験に引きずられ過ぎて新たなアイデアや施策を考えようとしない、すな

わち確証バイアスによって創造力を働かせようとしない状態に陥ってしまうことがあります。これが、若手に比べ、多くの成功体験を積み重ねてきた50代のビジネスパーソンが気をつけるべき大事なポイントです。

まずは人間には自身の成功体験から導き出した確証バイアスというものがあるということを自覚しましょう。そして、創造力を発揮する際は、自分の脳をゼロにリセットするという意識を強く持った上で、アイデアや施策の発案に取り組むことが大切です。

そうした意識を強化するための行動の一つが「好奇心を持つ」ことです。「やってみたい」「もっと知りたい」などの好奇心を抱いているとき、人は前向きな気持ちになり、置かれている状況を楽しめるものです。これは、好奇心が刺激となり、脳が活性化されるからです。また、好奇心を持つことは、自分が知らないことだけではなく、自分とは異なるものにも関心を持つ、つまりは多様性に目を向けることでもあります。

前述のように、私たち人間は加齢とともに、今まで自分が行ってきたやり方や経験でしか物事が考えられなくなる傾向があります。また、そもそも人の脳は、学習したことを生かし、なるべく無意識にオートマチックに行動できるような省エネ機能を持っています。この省エネ機能にばかり頼ってしまうと、自分の経験に基づいた思考回路だけを使い、他の思考回路はまったく使われず衰えていく結果になるのです。脳をいつまでも若々しく維持するには、好奇心を忘れずに、新しいもの、経験にないことを取り入れ、脳に刺激を与え続けることが必要です。

好奇心を育てるためには、思い切って普段使っている情報源を変えることをお勧めします。例えば、日によって違うニュースサイトを見る、読む本を変える、普段読まないジャンルの雑誌に目を通すなどしてみてはいかがでしょう。新たに興味・関心が持てるような情報に出合える可能性が広がります。また、自分とは違う性別、年代、仕事の人との接点を増やすことも好奇心を刺激する良い機会になります。

新しいことに挑戦し、普段使わない脳番地を刺激する

創造力を高めるためのもう一つの行動は「新しいことをしてみる」です。なぜ新しいことをしてみるのが脳に良いか。それは、医学博士の加藤俊徳先生が著書『脳の強化書』（あさ出版）で提唱している「脳番地」という概念をもとに考えるとよくわかります。図23のように、前頭葉の①の部分は思考や判断、②は感情、③は発話や言語に関

図23　脳番地

話す
❸
伝達系脳番地
発話や言語の操作に使う脳番地

体を動かす
❹
運動系脳番地
体を動かすときに使う脳番地

触れる
❺
感覚系脳番地
物に触るときに使う脳番地

聞く
❻
聴覚系脳番地
耳を使って何かを聞くときに使う脳番地

理解する
❼
理解系脳番地
物事を理解する脳番地

考える
❶
思考系脳番地
考えたり発想したりすることに関係する脳番地

目で見る
❽
視覚系脳番地
目でものを見るときに使う脳番地

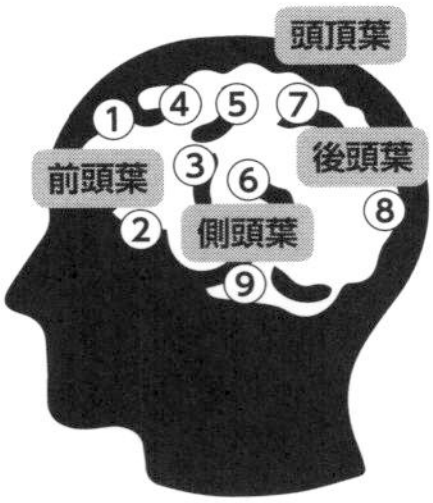

感じる
❷
感情系脳番地
感情に関する脳番地

覚える
❾
記憶系脳番地
ものを覚えたり、思い出したりするときに使う脳番地

加藤俊徳『脳の強化書』（あさ出版）より著者改変

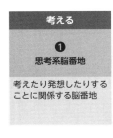

わるなど、脳はその働きによって大きく9つの部分に分類でき、これを脳番地といいます。

ご存じのように、脳の神経回路は使えば使うほどつながりが強化されるため、よく使う脳番地ほど発達し、あまり使わない脳番地は未熟なままになります。つまり、いままでやったことのない新しいことをしてみると、いつもは使わない脳番地が刺激され成長するわけです。また、普段使わない脳番地を使うと、それまで酷使していた脳番地を休息させることができるので脳がリフレッシュし、これまで発揮されることが少なかった新たな脳の力を引き出すことができるのです。

年齢を重ねれば重ねるほど、仕事でもプライベートでも自分流のやり方やリズムが身について、毎日が同じことの繰り返しになりがちです。日常生活の中で、できるだけ新しいことに挑戦する意識を持つようにしていただきたいと思います。

自分にとって集中すべき事柄を取捨選択する

次に、集中力を高めるための行動について見ていきましょう。

集中力や注意力を司っているのは、前頭葉の大部分を占める前頭前野です。前頭前野は他にも「考える」「行動や感情をコントロールする」「コミュニケーションをする」「記憶する」「判断する」など、人間にとって非常に重要な働きを担っています。そして、集中力を高めるためには、酷使している前頭前野を休ませリフレッシュさせることが大切になります。

そのための行動の一つが「集中すべき事柄を取捨選択する」です。

米国アップル社の共同設立者の一人であるスティーブ・ジョブズは生前、黒のタートルネックにジーンズという同じ服装でした。その理由はすでに多くの方がご存じだと思いますが、それは「決断の回数を減らすため」です。

最近の認知科学の研究で注目されているのが、集中力向上のための「ウィルパワー」という概念です。ウィルパワーは「前頭葉の体力」とも「集中力の源」ともいわれます。ウィルパワーは何かを決断するたびに減っていくため、決断の回数を減らすことでウィルパワーの消費を削減し、1日の集中力を高めることができると考えられています。すなわち、余計なものに集中力を消費せず、より大事なものに集中力を使おうという考え方です。

例えば、「今日はどのネクタイにしようか」「昼食は何を食べようか」など一つひとつ決断していくと集中力の源であるウィルパワーが減っていくため、そうした余計な決断を極力省くことで自分にとってより重要な場面での集中力を高めようということです。そして、前述のスティーブ・ジョブズの場合でいえば、氏にとって服装に関する決断は余計なものに集中力を消費することであり、それを削減することによって製品開発や事業展開に集中力を注ぎたいと考えたのだろうと思います。

本書の読者である50代のビジネスパーソンの皆さんであれば、自分にとって集中力を発揮すべき事柄は何か、逆に集中力を削減すべき事柄は何かがすでにおわかりでしょう。自分にとって集中すべき事柄を取捨選択し、本当に大切な事柄に最大限の集中力を発揮していただきたいと思います。

脳の力を最大限に引き出す、しなやかな心を育む

心の健康を高めるために必要な5つの行動

次に、心の健康を高めるために必要な行動について考えてみましょう。必要な行動は「ポジティブに考える」「ストレスに対応する」「自分を信じる」「周囲に感謝する」「多様性を受け入れる」の5つです（図24）。

この5つの行動を実践することによって心が健康になると、落ち込んだり、イライラしたりといった極端な感情に振り回されることが少なくなり、それが脳の機能を最大限に引き出すことにつながります。また、心が疲弊したり傷ついたりしたときも、その自分の心の変化を敏感に感じ取り、不快な感情を引きずらないように自己回復させる力が備わります。

体や脳の健康状態に比べて、心の健康状態は気づきにくく、後回しにされる傾向が

あります。特に忙しい50代のビジネスパーソンの皆さんは、自分の心の健康を後回しにしがちなのではないでしょうか。「自分は大丈夫だ」と思っていても、実はすでに心の健康が蝕まれているケースも多いので注意が必要です。

では、一つひとつの行動について詳しく解説していきましょう。

❶ポジティブに考える
～ネガティブな発言は口にしないと誓う

タフな心を保つための行動の一つ目は「ポジティブに考える」です。

米国の心理学者アルバート・エリスが提唱した論理療法で用いられる「ABC理論」をご存じの方も多

図24　心の健康を高める5つの行動

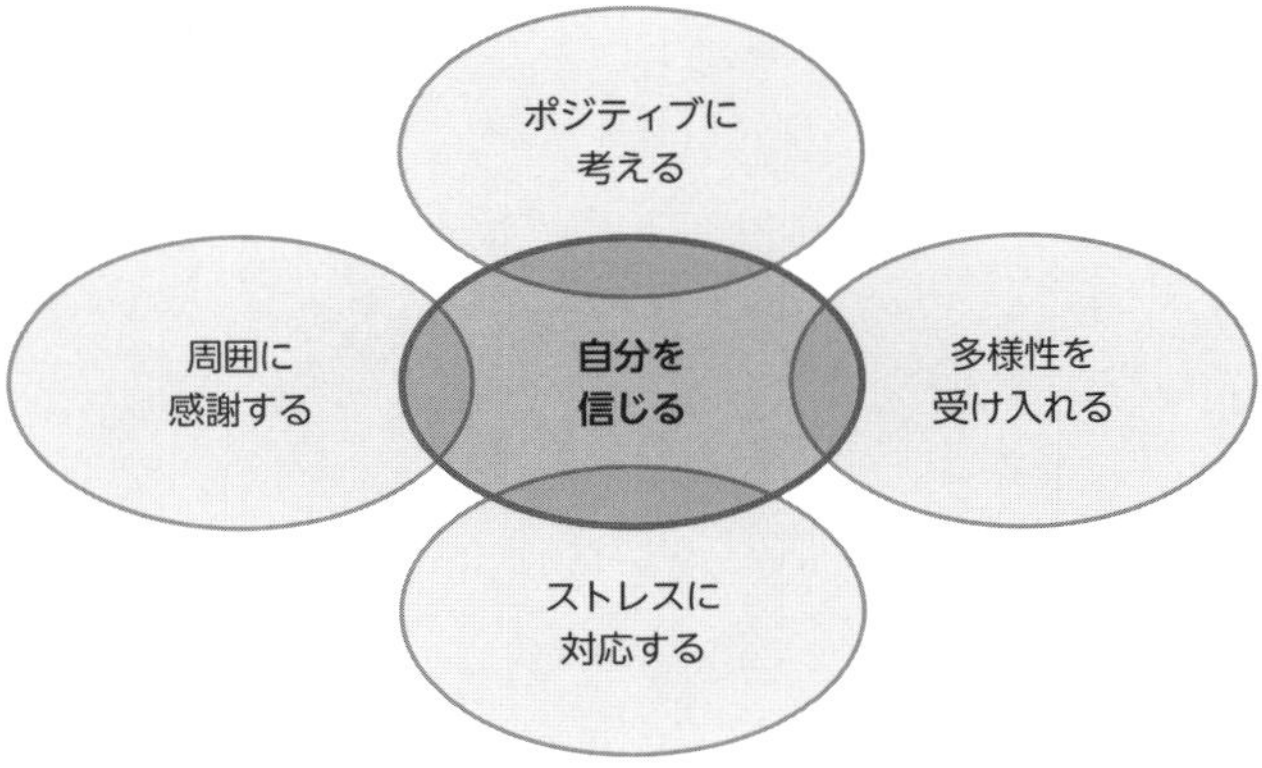

いと思います。AはActivating event（出来事）、BはBelief（受け止め方・思い込み）、CはConsequence（感情・結果）のことで、出来事（A）があって感情・結果（C）があるのではなく、その間にその人の受け止め方や思い込み（B）があることで感情・結果（C）が生じるという理論です。

つまり、同じ出来事に遭遇しても、その人がポジティブに考えるか、ネガティブに考えるかによって、そこから発生する感情・結果はまったく異なるということです。例えば、大きなプロジェクトを目の前にしたとき、「実現できそうにない」と思えばその通りになり、「必ず実現できる」と信じれば本当に（いつか）実現できるということなのです。そして、豊富な経験を積んできた50代のビジネスパーソンの皆さんならば、こうしたことは身をもって経験してきた既知の事実であろうと思います。

こうした現象を心理学ではプライミング効果と呼びます（図25）。これは「前もって教え込む」という意味の英語「Ｐｒｉｍｅ（プライム）」に由来しており、先行する情報に影響されて考えや行動が無意識に変化する——すなわち暗示にかかる——ことを指します。

それを実証した実験として有名なのが、１９９６年にニューヨーク大学のジョン・バルフらが行った実験です。

バルフらは大学生を2グループに分け、一方には無作為に選んだ単語のセットを渡し、もう一方には「高齢者」を連想させる単語のセットを渡して、それらの単語を使って短文を作成するように指示しました。そして、作業終了後に歩行速度を測定したところ、「高齢者」を連想させる単語で短文を作成したグループの歩行速度は、そうでないグループよりも明らかに遅くなっていたのです。つまり、「高齢者」を連想させる単語に影響を受け、無意識のうちに高齢者らしく振る舞うようになったわけです。この実験からも、暗示がいかに自分の考え方や行動に影響をおよぼすかがわかると思います。

図25　プライミング効果（例）

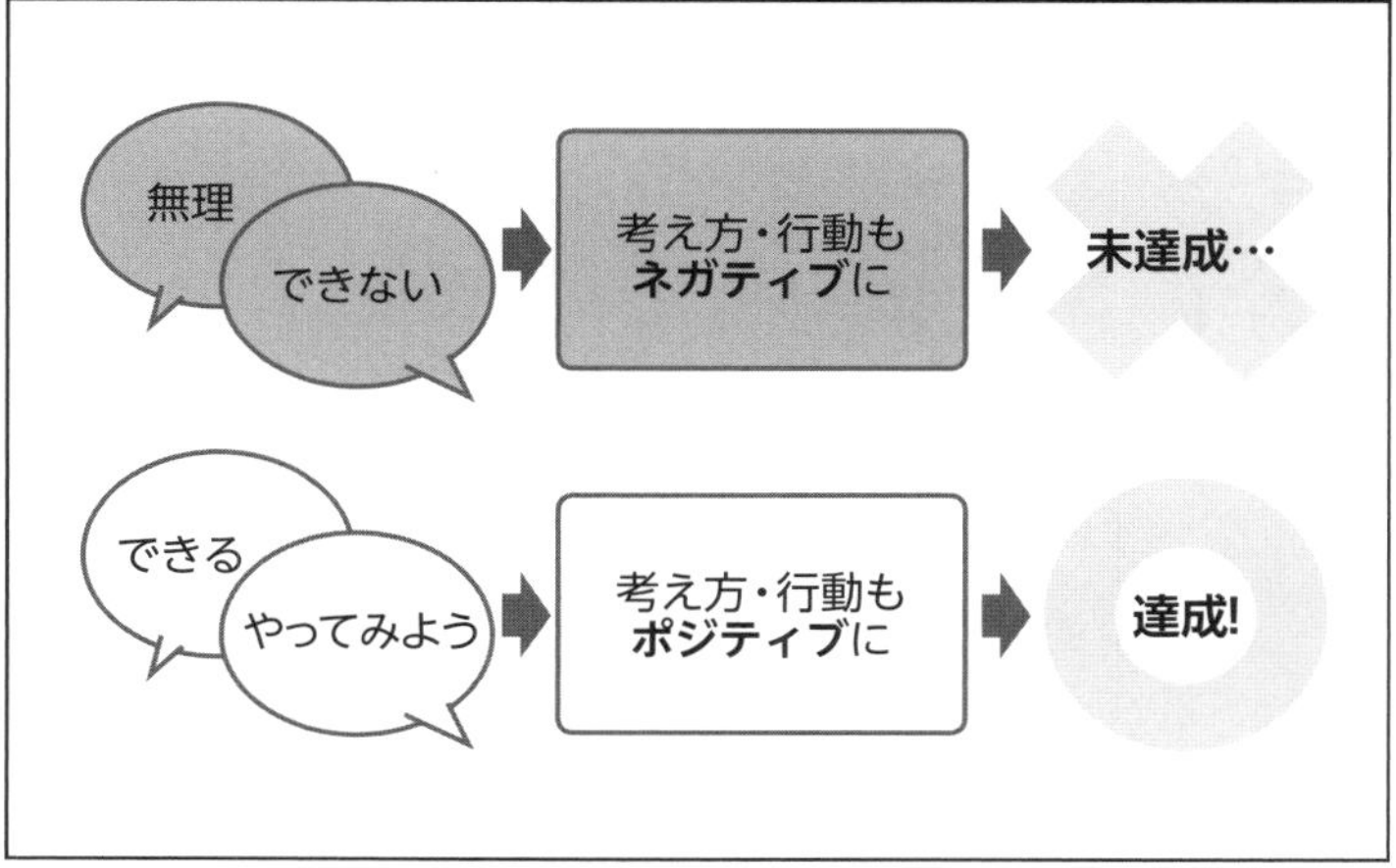

50歳を超えたならば、「できない」「無理だ」「どうしようもない」「諦めよう」などのネガティブな言葉、「あー」「ふー」「はー」といった疲れを連想するため息、「でも」「どうせ」などの後ろ向きな接続詞はいっさい使わないようにしましょう。「でも」の後には否定語しか続きません。「どうせ」の後に希望のニュアンスは生まれません。

50歳を超えたら、自分の辞書からネガティブな言葉をすべて削除するぐらいの気概を持っていただきたいと思います。そして、それが習慣になったならば、心も行動も劇的に変化するはずです。

❷ストレスに対応する ～レジリエンスカーブの存在を理解する

ストレスは心に大きな影響を与え、時にはうつ病や統合失調症、摂食障害などの重大な病を引き起こすこともあります。実際、仕事や職業生活に関することで強いストレスを感じる事柄がある労働者の割合は58・0％にのぼり、その内容としては「仕事の質・量」がもっとも多く、2番目が「仕事の失敗、責任の発生等」、3番目が「対人関係（セクハラ・パワハラを含む）」となっています（平成30年「労働安全衛生調査（実態調査）」厚生労働省より）。こうした状況を受け、国はビジネスパーソンのストレス対応に乗り出し、2015年以降、50人以上の労働者がいる企業にはストレスチェックを義務づけています。

しかしながら、ストレスが絶対に悪いかといえばそんなことはありません。もちろん過剰なストレスは人に悪影響を与えますが、ストレスがゼロでも孤独感が強くなる、意欲が低下するなどの悪影響が出ます。

図26は、1908年に米国の心理学者ロバート・ヤーキーズとジョン・ディリンガム・ドットソンが発見したヤーキーズ・ドットソンの法則ですが、これを見ると明らかなように人のパフォーマンスを高くするには、適度なストレスが必要なのです。

図26　ヤーキーズ・ドットソンの法則

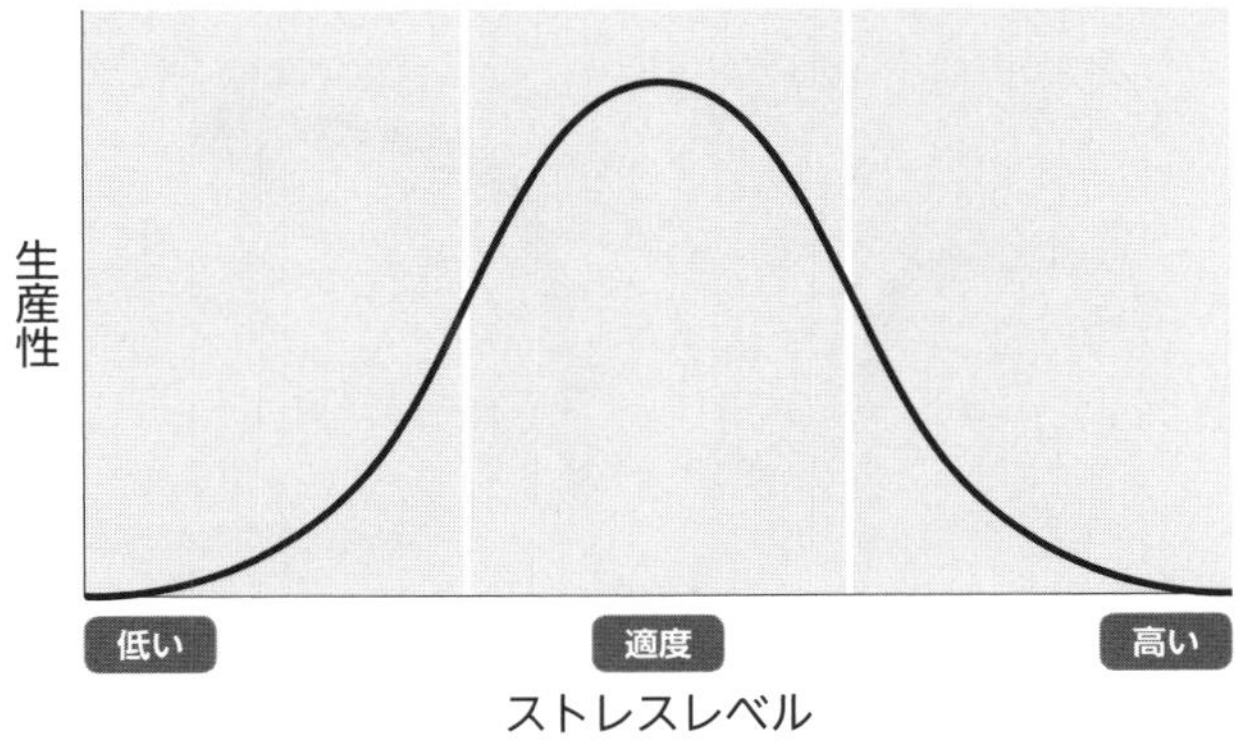

出典：Yerkes Dodson

同時に、レジリエンスカーブの存在も知っておきましょう（図27）。私たち人間は、たとえストレスを受けて落ち込んだとしても、レジリエンスカーブ（立ち直り曲線）を描いて必ず立ち直ることができます。しかも立ち直ったときは元の状態に戻るだけでなく、その経験によって人間として成長することができるといわれています。

このように考えると、私たちが行うべきは、ストレスは有益なものと認識して、それが過剰にならないように適切に対応することといえるでしょう。

そのための行動は以下の3つです。

①自分にとって何がストレスなのかを知る。

図27 レジリエンスカーブ

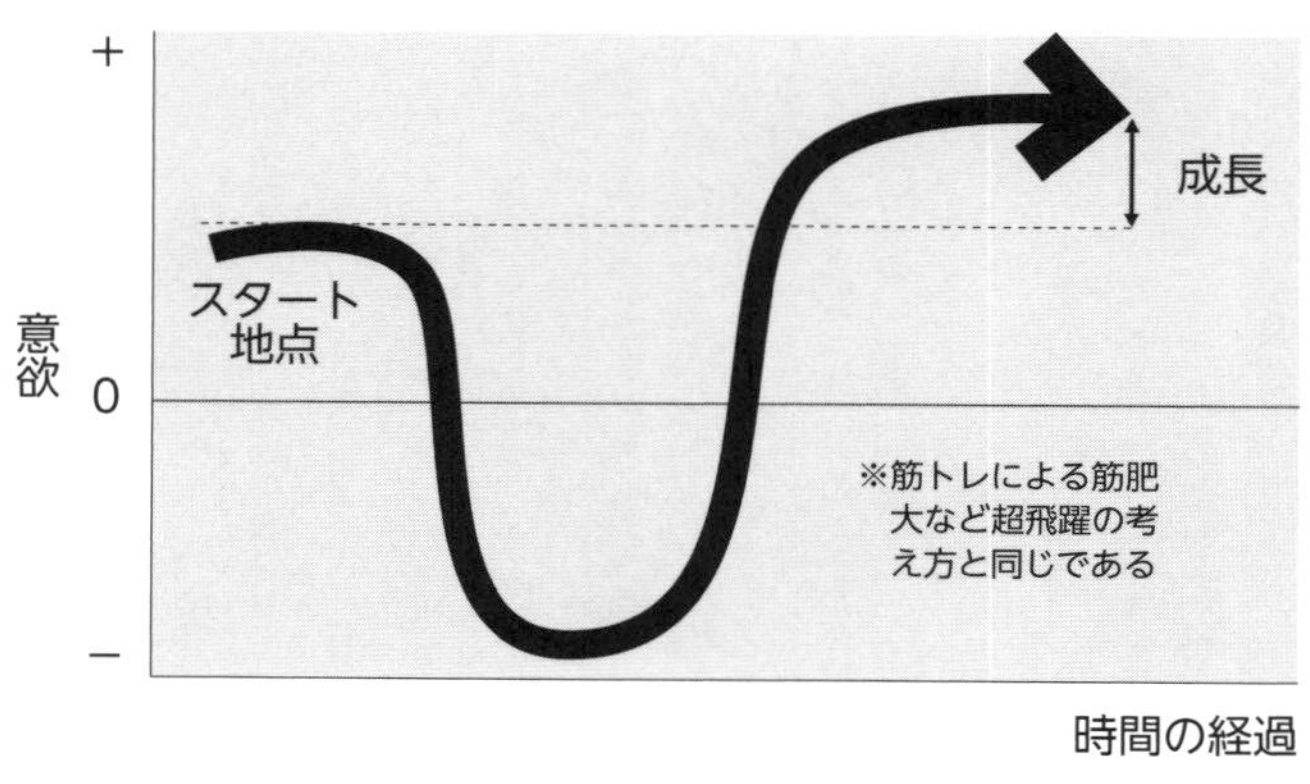

②ストレスを受けたとき、自分がどうなるか（ストレス反応）を知る。
③ストレス反応を回避したり、和らげたりする方法を知り、対処する。
どんなことでストレスを感じるか、ストレスにどう反応するかは人によって異なります。自分の特徴を知った上で、自分に合った対処法を見つけましょう。

❸自分を信じる ～成功パターンをノートに書き出す

心の健康を高める5つの行動の中でもベースとなるのが、この「自分を信じる」です。

自分を信じるとは、「どんなときでも自分を信頼して、自信を持って取り組む」と言い換えることもできるでしょう。「自分ならきっとできる」という適度な自己効力感に支えられることで、さまざまな事象を柔軟に前向きに受け止めることができるようになります。また、自分を信じられる人は、折れそうになった心を回復させる力（レジリエンス）が備わっています。意欲喪失することがあっても、多少時間がかかっても必ず心を立て直すことができるので、途中で諦めず、どんなことがあっても最後までやり遂げることができるのです。

どんなときでも自分を信頼して、自信を持って取り組むためには、1日の終わりに、その日に自分が「よくできた」「成功した」と思う成功パターンをノートに書き出していくのが効果的です。ただし、成功パターンは前述の確証バイアスにつながる可能性もあるため、自分にはどのようなバイアスがあるのかを同時に冷静にとらえることも重視しましょう。

❹周囲に感謝する ～自分のためではなく、周囲の人のために生きる

周囲に感謝することはもちろんですが、50歳を迎えたらさらに進んで「自分のためではなく、周囲の人のために生きる」という気持ちを持っていただきたいと思います。自分のためではなく、お客さまが喜ぶ、チームのメンバーが成長するなど、社会のために自分の力や存在意義を発揮する方向へとシフトしましょう。そして、周囲に感謝し続けましょう。50歳――、自らの天命を知る歳になったならば、そのような心持ちで日々の業務に励みたいものです。

現代のビジネスリーダーにも影響を与える旧日本海軍連合艦隊司令長官・山本五十六（1884～1943年）の名言に、「やってみせ、言って聞かせて、させてみせ、ほめてやらねば、人は動かじ」というものがあります。もちろんほめることも必要です。

しかし、著者は「ほめる」よりも「感謝する」ほうがより大切だと考えています。「ほめる」の場合は「あなたは優秀だ」「あなたは営業成績がすばらしい」など「相手（あなた）」が主語となりますが、「感謝する」の場合は「あなたの能力に感嘆した」「あなたの仕事ぶりに感激しました」など「自分（私）」が主語になります。すなわち、「相手」の行動などを賞賛するのではなく、相手の行動などによって生じた「自分」の感動を相手に届ける――、それが感謝だと思うのです。そして、その相手が例えばあなたの部下ならば、ほめられるよりも、感謝の言葉をもらったほうがきっと嬉しいことでしょう。

感謝することに慣れていない方は、行動そのものを体に叩き込むようにするのがお勧めです。まずは会話でもメールでも「ありがとう」を徹底的に伝えるようにします。「ありがとう」が口癖になったら、感謝することを習慣化するために、何についての「ありがとう」なのかを意識して伝えるようにしましょう。最初は違和感があるかもしれませんが、行動に慣れれば意識も追いついてきます。そして、感謝するという行為は、必ずあなたや周囲の人の心を豊かにしてくれるでしょう。

❺多様性を受け入れる　～50歳を迎えたら、何もかもを受け入れる

周囲と良い人間関係を築くには、多様な人、多様な考え方を受け入れることが大切であるということはご存じの通りです。しかし、50歳を迎えたらさらに一歩進めて、「これまでの既成概念を1回ぶち壊し、自分が今まで忌避していた人や考え方さえもすべて受け入れる」ことに取り組んでいただきたいと思います。しかしながら、すべてを受け入れて認めよといっているのではありませんからご安心ください。受け入れて、それでもやはり自分に合わなければ手放せばよいので、まずは受け入れてみることが大切です。

何度も言いますが、50歳は70歳定年まであと20年、人生100年の折り返し地点、もう一度自分をリセットしてネジを巻き直す絶好の機会です。若いころは受け入れられなかった人や考え方も、さまざまな経験を積み重ねた今ならば新しい何かが見えるかもしれません。だからこそ、50歳を迎えたならば、これまで自分が受け入れてこなかったものも含めすべてを受け入れてみましょう。

自分とは異なる新しい考え方ややり方を受け入れることで、それがヒントとなってイノベーションを生むこともあります。異なる意見がぶつかることで新しい発想が生

まれることも考えられるでしょう。その第一歩となるのは、まずはすべてを受け入れてみようというあなたの気持ちや姿勢です。

今すぐ行動する ～BQリーダーシップの磨き方の極意

最後に、50歳からBQリーダーシップを磨くときの極意をお伝えします。それは、「先延ばしにせず、やりたいことや新しいことを今すぐに〝電光石火で〟やる」ということです。

50代のビジネスパーソンならば、時間的にも金銭的にも昔に比べれば多少の余裕が出てきたはずです。先延ばしにする理由は何もありません。「いつか必ず」ではなく、「思い立ったらすぐ」、これが50歳からBQリーダーシップの磨き方の極意なのです。

先に、50代のビジネスパーソンには、カニを食べたいと思ったら越前に行くなど、地産地消で本物を食すといった行動も大切にしていただきたいとお話ししました。これも入念に旅行の計画などを立てるのではなく、思い立ったらすぐに行動しましょう。そうやって常にわくわくした気持ちを持ち続けることが、BQ向上――すなわち免疫力向上――につながるのです。

もちろん会社のルールに反していないという条件の下ですが、副業に興味があるという方なら「いつか必ず」ではなく、「思い立ったらすぐ」に始めてみることをお勧めします。副業を通じて、自分の経験や知識、スキルを人のために生かすことができ、自分の技術やサービスに対して喜んで報酬を払ってくれる人がいて、そして自分は社会に対して価値を提供できるのだと実感したとき、大きな喜びや自信が湧き上がってくるでしょう。その喜びや自信は間違いなく本業にも良い影響をおよぼし、本業においても高いパフォーマンスを発揮できるようになるはずです。

50代のビジネスパーソンの皆さん、いつか必ずではなく、思い立ったらすぐに始めましょう。その一歩が、人生をより豊かにすることにつながっていきます。

第4章

チームのBQを
アップする！

100歳まで使える体心脳をメンバーに手渡す

BQという考え方やスキルをチーム・組織に定着させる

これまでの章では、70歳で定年を迎えるまであと20年、人生100年のちょうど折り返し地点である50歳からのBQ向上のための考え方や手法について詳しく解説してきました。50代のビジネスパーソンの皆さんが仕事健康寿命を延伸し、100歳まで使える体心脳を手に入れるための心の準備や基本的な方向論はすべて整ったといえます。

では、皆さんは自分自身のBQ向上のみに注力すればそれでよいのでしょうか？答えは否です。なぜなら、皆さんの多くは部下を持ちチームを率いておられるリーダーという立場だからです。現在皆さんは50代で、仮に20〜40代の部下がいたとすると、その人たちも数年後、数十年後には必ず50歳を迎えるわけです。リーダーである皆さんが先行して年齢を重ね、走っているにすぎません。

だからこそ、皆さんは本書で学んだ、仕事におけるパフォーマンスに影響を与えるもっとも根元的なＢＱという考え方やスキルをチームに、そして組織に根づかせていく使命があるのです。

50歳を超えたら社会のために自分の力や存在意義を発揮する方向へとシフトしていくことが重要ではないかというお話をしました。このＢＱという考え方やスキルをチームや組織に伝授し、チームや組織全体のパフォーマンス向上や成長を支えることは、まさに社会のために自分の力や存在意義を発揮することに他なりません。

ＢＱが高い組織か否かがビジネスの勝敗を分かつ

少し極端な例でお話ししましょう。

同じ業種で同じく20名の社員を擁する二つの会社があったとします。一方は社員全員のＢＱが高くて見た目も精悍であるのに対し、もう一方は社員全員のＢＱが低くてメタボだったとしたら、どちらが組織として強いでしょう？

言うまでもありませんが、プレゼンティズムの問題はもちろん、顧客・取引先に与える印象、会社が負担する医療費など、あらゆる面においてBQが高い会社のほうが強い組織といえます。

この「BQが高い組織か否かがビジネスの勝敗を分かつ」という傾向は、常に健康がおびやかされているWithコロナ時代においてさらに顕在化してくると思われます。そして、チームのメンバーや社員一人ひとりがベストパフォーマンスを発揮し、ビジネスで勝ち残る組織になるためには、本書でBQの考え方や知識を学んだ皆さんが自身のBQ向上を図るのはもちろん、さらにそれをチームや組織に伝授し定着させていくことが不可欠なのです。

50代のビジネスパーソンの皆さんには、本書で学んだ100歳まで使える体心脳のつくり方を次世代に伝授するという大局的な視点を持っていただきたいと思います。

それが個々のメンバーのBQ向上のみならず、チームのBQ向上、組織全体のBQ向上、さらには日本という国のBQ向上につながり、結果として少子高齢化が進み、人口が減っている日本の持続的成長の一助となるのではないでしょうか。

チームのBQを知ることからすべてが始まる

健康とパフォーマンスの観点からメンバーを分類する

では、自分のチームにBQを浸透させていくにはどのようにしたらよいのでしょう。その出発点となるのは、チームのメンバーのBQを把握することです。図28のように、縦軸を「健康」、横軸を「仕事におけるパフォーマンス」として、メンバー一人ひとりがどのグループに当たるかを分類していきます。

縦軸の「健康」については、まずは健康診断の検査結果など客観的に把握しやすい項目をベースにしておくとよいでしょう。例えば、BMIが30以上、高血糖、高血圧など改善・治療の必要があれば「悪い」のグループに分類します。また、メンタルヘルスの状態も確認します。前述のように2015年から社員が50人以上の企業ではストレスチェック制度が義務化されているため、健康診断およびストレスチェックの結果をベースに「良い」「悪い」を判断するとよいでしょう。

横軸の「仕事におけるパフォーマンス」は、チームリーダー、つまりあなたの主観的判断に委ねられます。このとき指標となるのが、仕事におけるパフォーマンスを因数分解したスキル——創造力、論理力、共感力、集中力——です。仕事におけるパフォーマンスといっても漠としているので、「新たなアイデアや企画を生み出す力があるか」「論理的に話を展開し、相手の納得・共感を引き出す力はあるか」「目の前の業務に集中し、完遂させる力はあるか」など、4つのスキルからメンバー一人ひとりを評価していくとかなり正確に判

図28　健康と仕事のパフォーマンスのマトリックス

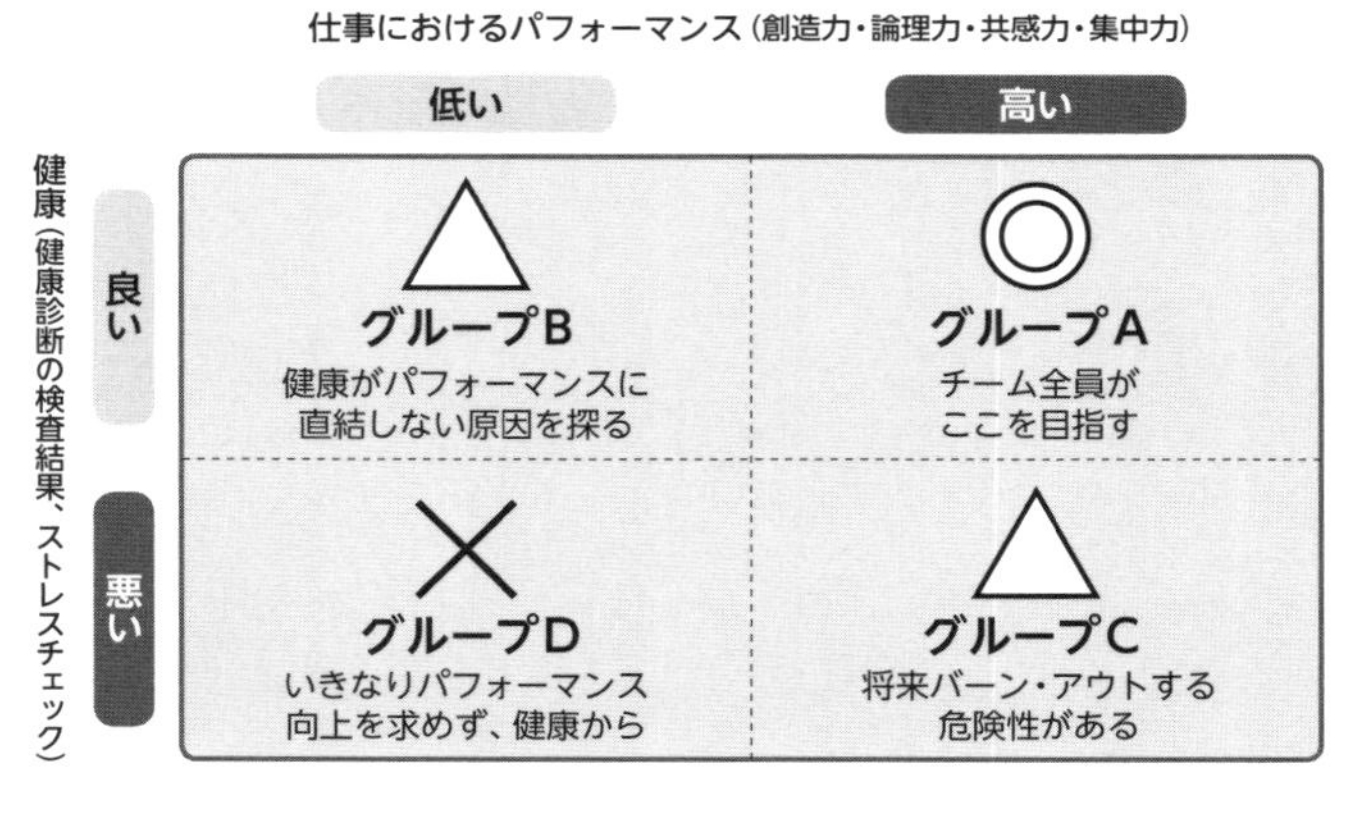

断できると思います。また、客観的な判断基準として、同期との比較や本人の成長度（過去3年間の営業成績の伸びなど）も加味するとよいでしょう。

このようにして、メンバーそれぞれを以下のグループA〜Dに分類します。

グループA……健康で、仕事におけるパフォーマンスも高い
グループB……健康だが、仕事におけるパフォーマンスが低い
グループC……健康ではないが、仕事におけるパフォーマンスが高い
グループD……健康ではなく、仕事におけるパフォーマンスも低い

グループAは、メンバー全員が目指すべき理想の姿です。

一方、心身の健康は整っていても、仕事におけるパフォーマンスが低いグループBについては対応が難しいといえます。もしかしたら健康以外の部分で原因を探る必要があるかもしれませんが、まずはBQリーダーという立場から6T——体調、体力、体質、体形、体勢、体動——まで落とし込んでいくことで原因を追究していきます。

グループCは、現在は高いパフォーマンスを発揮していますが、不健康な状態のまま仕事を続けていると将来バーン・アウトする可能性があります。グループCに対しては、「今」よりも「将来」を見据えて1on1ミーティングなどを通じて対話するこ

とが重要です。

グループDは、いわばすべてがマイナスからのスタート、逆に考えればもっとも伸びしろがあるグループともいえます。グループDに対してはいきなり仕事のパフォーマンス向上を求めるのではなく、まずは健康改善とプレゼンティズムの削減からアプローチしていく必要があります。

チームの課題を把握し、課題解決に向けた施策を考える

このように、まずはメンバーを各グループに分類した上で、自分のチームの全体像を把握します。そうすることで、チームの課題は何か、どこを優先してメスを入れていけばチームのパフォーマンスが上がるかの見当がつくでしょう。

例えば、チーム1とチーム2という二つのチームがあったとします。チームの構成メンバーはどちらも10人で、図29のようなマトリックスになりました。では、チーム1とチーム2ではBQリーダーはどのような施策をとるべきでしょう。

施策を考える際は、中長期的な観点からのアプローチと短期的な観点からのアプ

図29 チーム1とチーム2のマトリックス

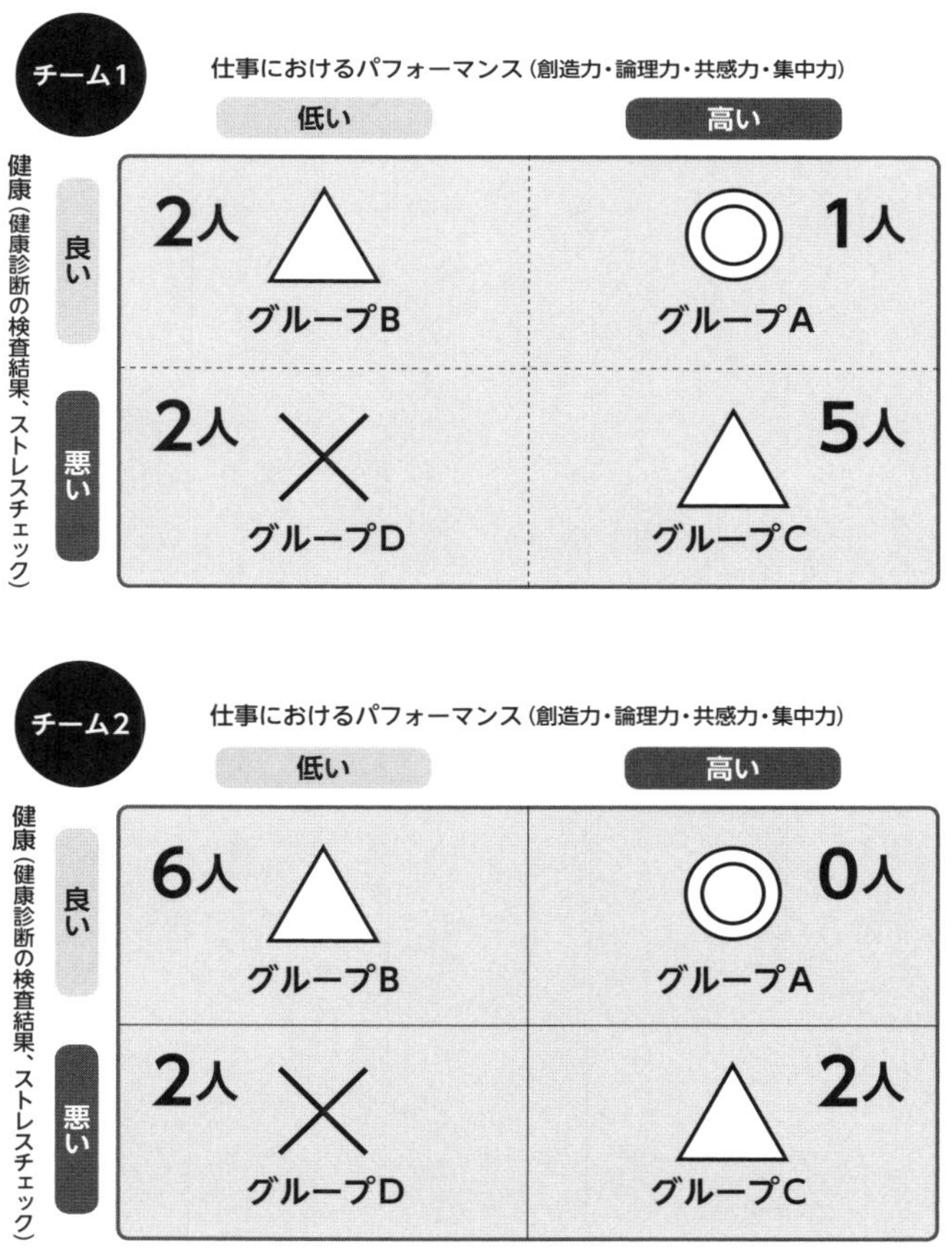

ローチという二つの軸で考えます。すなわち、中長期的な観点から見れば、いずれのチームともグループDに対してじっくりと時間をかけてアプローチすることが大事ですが、グループDの人たちが一朝一夕で変わる可能性は低いため、同時に短期的な観点も持つことが重要ということです。

チーム1の場合は、グループAとCの合計、つまり仕事におけるパフォーマンスが高いメンバーが6人もいるためリーダーとしては安心しがちです。しかし、グループC、将来バーン・アウトする危険性のあるメンバーが10人中5人もいると考えると、まさに「時限爆弾を抱えたチーム」といわざるを得ません。短期的な観点でいえば、BQリーダーはグループCに対してパフォーマンスを下げずに、あるいは多少下がってもよいので健康面に配慮するようしっかりと伝え、グループCをグループAに近づけていくという施策が考えられるでしょう。

一方のチーム2の場合、仕事におけるパフォーマンスが高いのはグループCの2人のみで、健康だけれどパフォーマンスが低いグループBが10人中6人もいます。言ってみれば「健康オタクチーム」です。やはりこの大多数を占めるグループBにメスを入れ、6Tまで落とし込んでいくことでパフォーマンスが向上しない原因を追究していくという施策が考えられます。

今、著者がお話しした施策はあくまで一例です。売上目標が必達の営業部門のため総じてBQに関してメスを入れる時間がないとか、逆に新規事業開発を担っているため時間的な余裕があるなど、あなたのチームが置かれた状況によってもメスを入れるべきところは変わってきます。大切なのは、自分のチームがどのような状態であるのかを把握するとともに、チームが置かれた状況なども勘案しながら、あなたのチームに合った施策を考えることです。

施策を考え実行したら、例えばグループCのうちの2人がAに上がったなどマトリックスに変化が出てくるでしょう。施策の実行後は、定期的にチームの状況の変化を把握し、そのときどきに最適な施策をとることを心がけましょう。

チーム一丸となってゴールを目指すために

自分のチームの状態を把握し施策を立案したら、いよいよメンバーへのアプローチを開始します。言うまでもなく、アプローチの先にある最終目標は、チームが一丸となってＢＱと仕事におけるパフォーマンス向上を目指すことです。

そのためには、メンバーが思いを一つにして、ゴールに向かって進んでいける組織づくり、すなわちチームビルディングが不可欠で、その手法として最も有名なのが「タックマンモデル」です。図30は、１９６５年に心理学者のブルース・Ｗ・タックマンが提唱したチームビルディングにおける４つの発展段階であり、チームで高い目標を達成するためには必ずこの４つの期を経る必要があるとされています。

では、この４つの期においてＢＱリーダーが考えるべきことやとるべき行動などについて解説していきましょう。

❶形成期（Forming）～BQリーダーとなる決意を固める

形成期は、あなたがこれまで統括してきたチームなのか、あるいはあなたが新たに任せられたチームなのかによって多少異なります。

例えば、メンバー同士がはじめて顔を合わせるような新しいチームの場合、メンバーは最初自分の意見をあまり言わないでしょう。チーム内にはまだ緊張感があり、「こんなことを言ったら変な人と思われるかもしれない」といった不安が強く、互いが本音で話すことはあまりありません。その場合、BQリーダーはコミュニケーションをとる機会を頻繁に設けるなどし

図30｜タックマンモデル

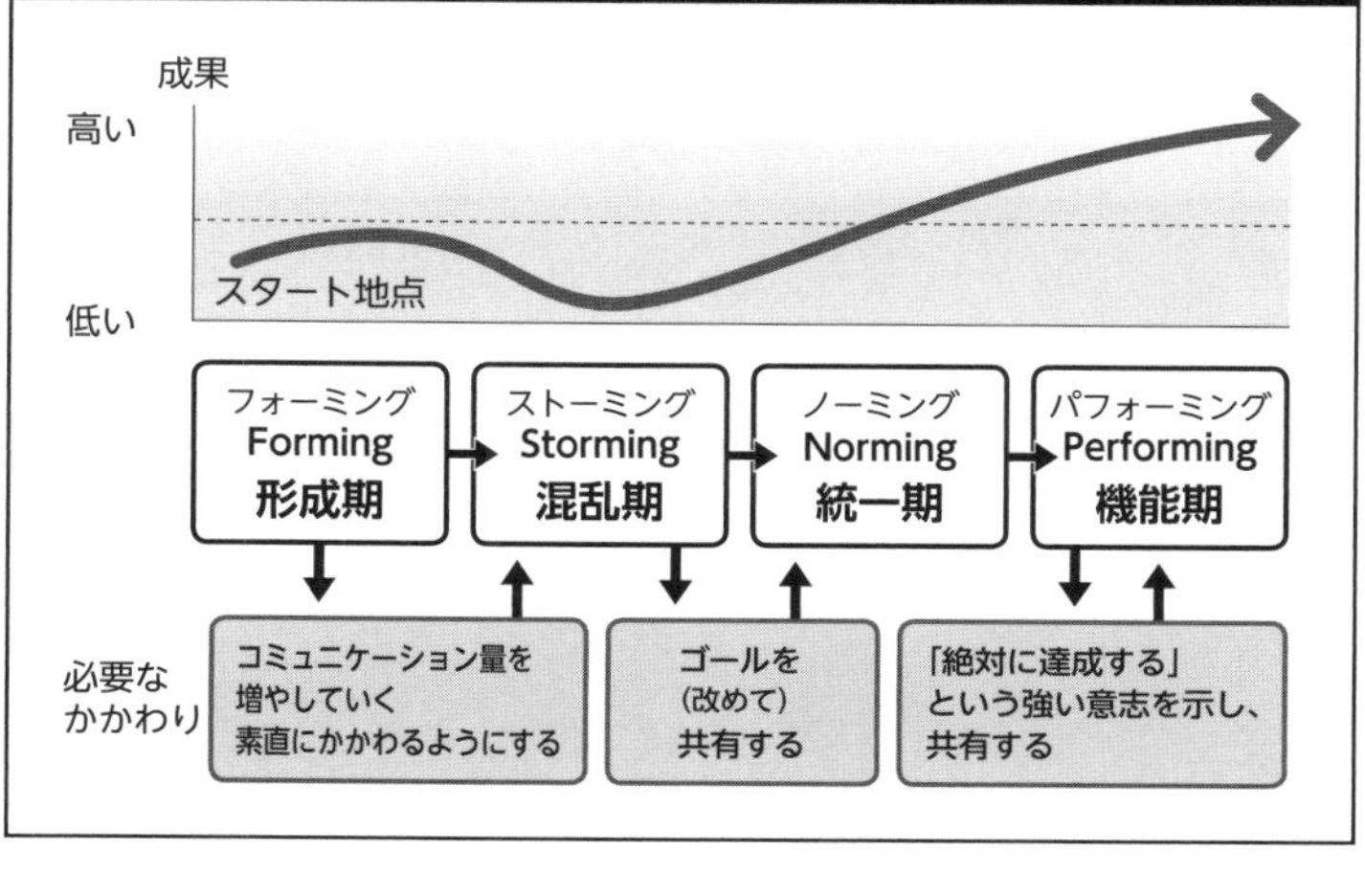

て、できる限り交流を深めていくことが求められます。つまり、新たなチームの場合は、BQ向上に取り組む下準備が必要になるわけです。

しかし、いずれの場合においても、リーダーであるあなたがチームのBQ向上に取り組もう、BQリーダーになろうと決意した、その瞬間が形成期に当たります。

❷混乱期（Storming）～BQリーダーが「自らの体で見せる」

4つの段階でもっとも大切なのが、この混乱期です。混乱期では、BQリーダーが意図的に「Storming」、すなわち「嵐」を起こし、チームに混乱をもたらす必要があります（殴り合いの喧嘩をするという意味ではありません）。この期にBQリーダーがやるべきことは自己開示と相互理解です。

この混乱期において50代のBQリーダーの皆さんに実践していただきたいのが、「自らの体で見せる」という自己開示です。本書でBQの考え方や手法を学び、自らのBQ向上に取り組んでいる皆さんは体だけでなく、体心脳すべてにおいて若手に勝っていると著者は確信しています。しかし、心のしなやかさや強さは目に見えず、ましてや脳の状態の良さなどはわかるはずもありません。だからこそ、もっとも目に見えやすい体でＢＱとは何かをメンバーに実感させていただきたいのです。

例えば、雑談のついでに「腕立て伏せが1分間で何回できるか競争してみようか？」などとメンバーたちを誘ってみてください。もちろん、腹筋でも腕相撲でも屈み跳躍でもあなたが自信のあるものでかまいません。そして、ＢＱリーダーは自らのＢＱ向上に取り組んできた成果を遺憾なく発揮し、若手メンバーを圧倒して嵐を起こしていただきたいと思います。つまり、若手メンバーが自分たちのほうが優位だと思っていることに関し、50代のあなたのほうができるところを見せることから始めていただきたいのです。

そんなあなたを見た若手メンバーは、「50代なのに体力が落ちていない」「自分たちよりも体力があるかもしれない」など驚きと興味・関心を覚えるはずです。そして、彼らが興味・関心を持ったところで、仕事におけるパフォーマンスを高める基盤となるのがＢＱであること、自分はこのようにＢＱを高めていること、いくつになっても体心脳は変えられること、自分はＢＱリーダーとしてメンバーたちにも１００歳まで使える体心脳を手渡したいと思っていることなど自らの考えを開示します。

前述の「ＷＨＡＴ・ＷＨＹ・ＨＯＷ」のフレームワークでいえば、ＷＨＡＴを先に見せ、ＷＨＹ・ＨＯＷをＢＱリーダーの言葉で開示するということです。まずはあなたが自己開示した上で、メンバーたちにBQという考え方に対する感想や意見を聞いて相互理解を図るとともに、個々のメンバーのBQに対する意識の把握に努めていきます。

混乱期では、例えばメンバーが10人だとしたら、10人全員の興味・関心を集めようとするのではなく、フォロワーを1人つくることに重点を置きます。ご存じのように、ビジネスの世界ではリーダーシップとフォロワーシップの相乗効果によりチームワークを最大化するのが常套手段ですが、BQ向上におけるチームビルディングの際にもこの考え方が有効です。まずはBQリーダーである自分の考えや取り組みを信奉し、自分とほぼ同等のことができるフォロワーをつくります。「リーダー1人VSメンバー10人」という構図ではなく、まずは「リーダー1人+フォロワー1人VSメンバー9人」という構図をつくるのです。そして、あなたのフォロワーに対するフォロワーを徐々に増やしていくことで、チームの全員を巻き込んでいくわけです。

さて、混乱期におけるBQリーダーの役割や行動について解説してきましたが、自己開示をする際に留意いただきたいことが二つあります。

一つは、腕立て伏せや腹筋などを若手メンバーと競う際は、BQリーダーであるあなたが無残な結果で終わってはいけないということです。当然ですが、あなたが無残な結果では、その後にいくらＢＱの考え方や手法を伝えても説得力がありません。そうならないためにも自らのＢＱ向上に日ごろから励んでいただきたいと思います。

もう一つは、自己開示が自慢話にならないよう最大限の注意を払うことです。年をとると自慢話が多くなると言われますが、老害以外の何ものでもありません。もちろんＢＱに対するあなたの考えや日ごろの取り組みは若手に伝えるべきですが、ことさらに自分の体力を自慢したり、日々のＢＱ向上の取り組みを延々と話して聞かせたりしては自慢話と受け取られかねません。若手があなたの話に共感・感銘を抱くか、あるいは退屈な自慢話だと受け止めるか、それはまさにＢＱリーダーとしてのあなたのセンスにかかっているのです。

❸統一期（Norming）～目標実現に向けて一歩前進する

混乱期においてＢＱリーダー、そしてメンバーそれぞれが自己開示したことで、相手の意見を受け入れやすくなり、かつ自らも本音で話ができるようになるのがこの統一期です。本音でコミュニケーションをとることで、チームの目指すべき目標や、各メンバーの役割や特徴などがチーム全体に共有されていきます。フォロワーに対するフォロワーも着実に増え、目標実現に向けてより前進できるのが統一期となります。

❹機能期（Performing）～チームとして高いパフォーマンスを発揮する

４つの段階の最後が、この機能期です。機能期では、チームの結束力や連動性がさらに促進され、お互いがサポートできるようになります。チームとしてもっとも高いパフォーマンスを発揮できるのが機能期です。

この４つの段階に要する期間は、チームの状態や人数などによって当然異なります。短ければ１週間でそれぞれの期をクリアできるチームもあれば、４つの段階をすべてクリアするのに１年以上かかるチームもあるでしょう。しかし、大切なのは時間の長短だけではありません。混乱期において徹底した自己開示と相互理解ができたか否かによって、機能期における成果に大きな差が出てくるでしょう。リーダーは混乱期の重要性を強く認識し、ＢＱリーダーシップを発揮していただきたいと思います。

メンバー一人ひとりの健康にアプローチする

前項では、ＢＱリーダーがチームビルディングを行う際のポイントについて解説しましたが、ここではさらに粒度を細かくし、メンバー一人ひとりのＢＱ向上にＢＱリーダーはどのように関わるべきかについて見ていきます。

まずはメンバー一人ひとりのモチベーションの状態を見極めることが大切です。そのとき活用したいのが、行動を変えようとする際の心の状態を踏まえたアプローチ法「行動変容モデル」です（図31）。

人は習慣的な日々の行動を変えよう、あるいは新しい行動を始めようとするとき、まったく興味のない「無関心期」から「関心期」「準備期」「実行期」「維持期」という5つのステージを経て新しい習慣を定着させていきます。

それでは、5つのステージの特徴とそれぞれのステージでＢＱリーダーが行うべき施策について解説していきましょう。

❶無関心期〜メンバーにいかに関心を持ってもらうか

行動変容モデルにおいては二つの大切な局面があり、その一つが無関心期にあるメンバーにいかに関心を持ってもらうかということです。

先に、チームビルディングの混乱期においては、ＢＱリーダー自らがチームに嵐を起こすために「自らの体で見せる」ことから始めてくださいというお話をしました。

メンバー一人ひとりの状態から考えれば、このときは全メンバーが無関心期にいると考えられます。ＢＱリーダーは、年齢を重ねても衰えていない体力、ＢＱというまったく新しい概念、

図31　行動変容モデル

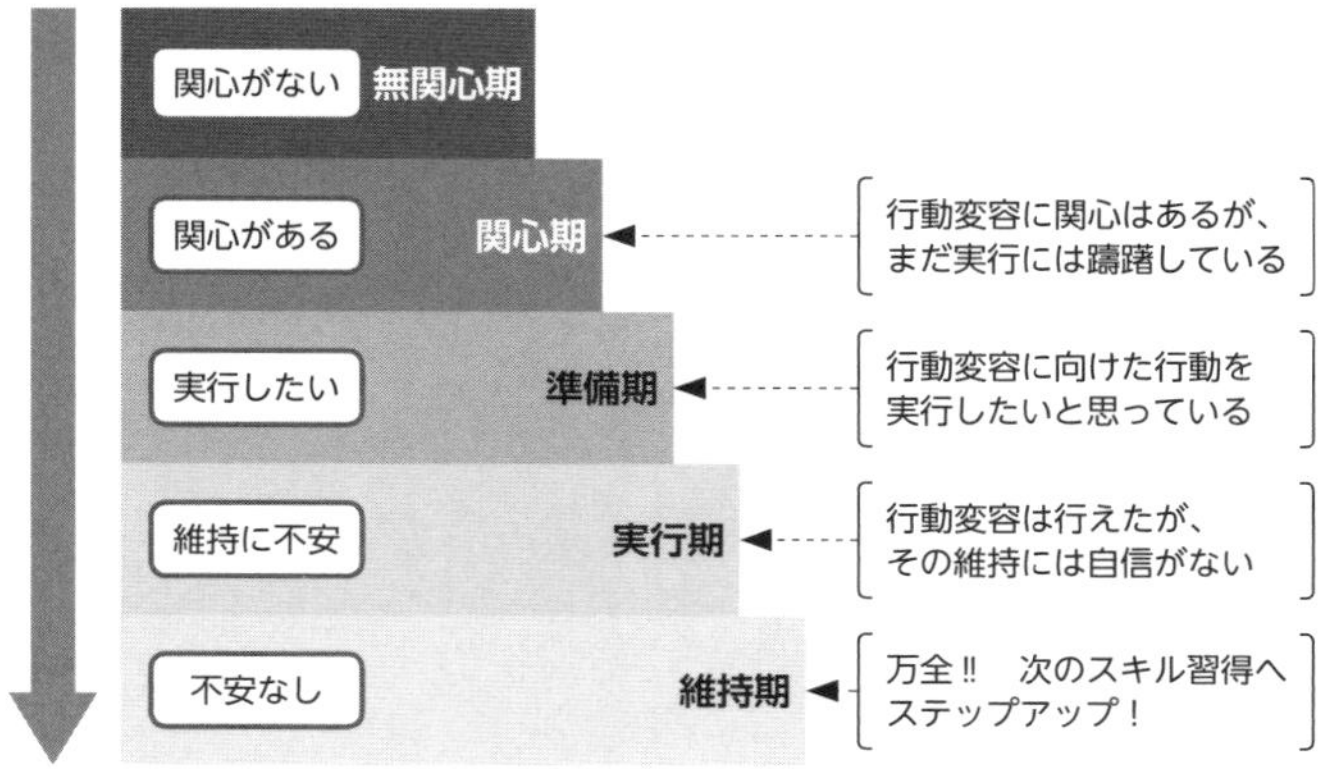

100歳まで使える体心脳をメンバーたちに手渡したいという強い思いを武器に、自らの体で見せつけて、無関心期にあるメンバーを関心期へと導いていきましょう。

❷関心期 ～外的な動機づけと内的な動機づけの両面からアプローチ

健康な心身を獲得することで仕事におけるパフォーマンスを向上させていくことに興味・関心があり、そのメリットも理解しているものの、まだ行動に移すことに興味がない段階です。その背景には、行動を変えることそのもの、あるいは行動を変えることに伴う負担への不安があることも少なくありません。

メンバーの状態を関心期から準備期へと進めていくには、外的な動機づけと内的な動機づけという両面からのアプローチが肝要です。例えば、外的な動機づけとしては、BQを高めて仕事の成果が上がれば給与も上がるし、ポジションも上がる可能性があることなどがあるでしょう。

一方の内的な動機づけとしては、「自分にもできそうだ」というメンバーの自己効力感を高めていくことが重要となります。

❸準備期 ～「S.M.A.R.T.ゴール」を活用して目標を設定する

準備期は、行動に向けて第一歩を踏み出した状態です。

ここでもっとも重要なのは明確なビジョン、すなわち目標設定です。ＢＱリーダーはメンバー一人ひとりと話し合いながら、各メンバーの目標を決めていきます。リーダーが一方的に目標設定をし、それをメンバーに押しつけるのは禁物です。人に決められた目標は納得感がなく、また目標があまりにも高すぎるためにストレスを抱えメンタル面に悪影響をおよぼす危険性もあります。

目標設定には、大目標と小目標があります。大目標とは、いわば将来に向けた大きな夢です。言い換えれば、「なぜ健康への意識を高めることが自分にとって重要なのか」「目標達成のために解決すべき課題は何か」「ＢＱを高めることで得られる最大のメリットは何か」について明確にすることです。その大目標を設定した後に「大目標を達成するために、自分はどうあるべきか」とブレイクダウンして小目標を設定していきます。

目標設定をする際のフレームワークとして活用できるのが「S.M.A.R.T.ゴール」です

（図32）。S.M.A.R.T.とは、以下の5つの単語の頭文字をとったものです。

Stretch（成長欲求を満たす）

簡単に達成できる目標ではなく、少し無理をしなければ届かない目標を設定することで能力の発揮を促し、自らの成長欲求を満たすようにします。

Measurable（定量的に可視化されている）

例えば、営業担当者であればBQを高めることで1日当たりの訪問件数を7件から10件に伸ばす、企画担当者であれば月間のプレゼン勝率を60％から80％にするなど、目標自体が定量的に可視化されていることが大切です。

Agreed（納得・ワクワク・鼓舞される内容か）

自らが納得し、「達成したい」とい

図32　S.M.A.R.T.ゴール

S	M	A	R	T
Stretch	Measurable	Agreed	Real	Time Timing
成長欲求を満たすか	定量的に可視化されているか	納得・ワクワク・鼓舞されるか	現実的な目標か	目標を達成する期限やタイミングはいつか

▼

5つの条件すべてに当てはまるように目標を定める

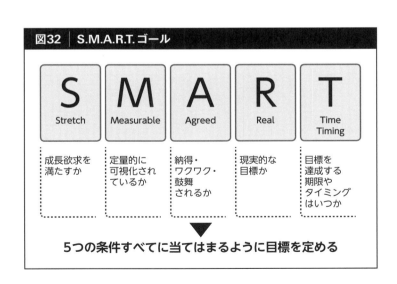

う思いを強く持つことができ、ワクワクと鼓舞されるような目標を設定することが重要です。

Real（現実的な目標か）

目標を達成した将来の自分を非現実的すぎずリアルにイメージできるものであることが大切です。困難があってもやりきりたい、やりきることに価値があると思えるようなことを目標として設定しましょう。

Time Timing（目標を達成する期限やタイミングはいつか）

目標達成の期限を決めないと、具体的な行動をなかなか始めないものです。いつ始めて、いつまでに目標を達成するのかを明確に決めましょう。

このように、5つの条件すべてに当てはまるように目標を決め、具体的な行動プランを設定していきます。例えば、先に健康と仕事のパフォーマンスのマトリックス（136〜137ページ）で示したグループCのように、仕事におけるパフォーマンスは高いけれど、残業続きで睡眠時間がきちんと確保されておらず、仕事のストレスから暴飲暴食になっているメンバーがいたとしましょう。そのようなメンバーならば、「残業時間を月40時間までに抑え、1日8時間の睡眠時間を確保するとともに、週に2日は休肝日を設け、糖質中心からたんぱく質中心の食事に改める。こうした取り組みによって仕事におけるパフォーマンスを高め、商談成約率を80％から90％にする。これを5カ月以内に達成する」など、S.M.A.R.T.ゴールに沿った目標設定をし、実行期へ一歩踏み出していきます。

❹実行期 ～コーチングスキルでメンバーを維持期へ導く

行動変容モデルにおけるもう一つの大切な局面は、この実行期です。三日坊主という言葉があるように、初めの一歩を踏み出したとしても、次のステージである維持期へ進むのはハードルが高いものです。

例えば、ウォーキングを始めて1週間がんばったものの、ちょっとしたことで1回休んだら、それきりになってしまったというケースをよく聞きます。また、「2駅歩いて通勤するためには、朝30分早く起きなければならない」とか、慣れないうちは「会社に着くと疲れて仕事に集中できない」など、行動変容に伴うさまざまな負担が生じる場合もあります。

そうしたメンバーに伴走し、実行期から維持期への移行をサポートするのもBQ

リーダーの重要なミッションであり、その際に生かしてほしいのがコーチングのスキルです。ご存じのように、コーチングとは人の目標達成を支援するコミュニケーション術であり、ビジネスの現場では人材開発スキルとして広く知られています。

コーチングスキルの最大のポイントは聞き取り（ヒアリング）にあります。メンバーとのコミュニケーションにおいては、自分が話すのが2割、メンバーの話を聞くのが8割と心がけましょう。

聞き取りには具体的に「質問、傾聴、承認（共感）」という3つのスキルがあり、この3つを繰り返し行うことで内的な動機づけにつなげていきます。

Ⓐ質問

聞き取りをする際にまず必要となるスキルが「質問」です。コーチングにおける質問は「相手が気づいていないことをわかってもらう」ことが目的であり、質問は「なぜ（WHY）？」ではなく、「何（WHAT）」を使うと効果的です。

例えば、①「体調管理のために2駅歩いて出勤すると言ったのに、なぜ続かないんだ？」、②「体調管理のために2駅歩いて出勤できない理由は何だと思う？」という二つの質問をされたとき、あなたはどう感じるでしょう。①はやや詰問口調になりがちなため、質問されたほうは責められているように感じて萎縮してしまいます。一方の②は自然と口調も柔らかくなり、相手も答えやすいでしょう。

メンバーがなかなか自分の答えを導き出せなかったり、BQの目指すべき仕事におけるパフォーマンスの向上とは方向性が違う答えが出てきたとしても、BQリーダーは決してイライラしたり、答えを言ってしまったりせず我慢強く対話を続けましょう。

Ⓑ傾聴

傾聴とは、単に話を聞くのではなく、丁寧に耳を傾けて前のめりで相手の話を「聴く」ことです。

BQリーダーは、質問をしてメンバー自身に話をさせ、長い時間をかけてしっかりと傾聴し受容しましょう。このとき決してやってはいけないのは、メンバーの言うことを頻繁に否定することです。そして、BQリーダーはメンバーの話の中からそのメンバーのやる気が高まる方向性をつかんだ上で、最適な解決策やアクションを示唆することが大切です。

ⓒ承認

傾聴の後に必要となるのが「承認」、簡単に言えば「相手を認める」スキルです。

BQリーダーは、メンバーに対して3つの承認を心がけていただきたいと思います。すなわち、「存在」「行動（成長）」「成果」の3つを認めるということです（図33）。

存在の承認とは「あなたがいてくれるだけで私はうれしい」というまさにベースとなる承認であり、BQリーダーは全メンバーに対して常に存在の承認を行うことが重要です。

二つ目の行動（成長）の承認は「結

図33　メンバーに行うべき3つの承認

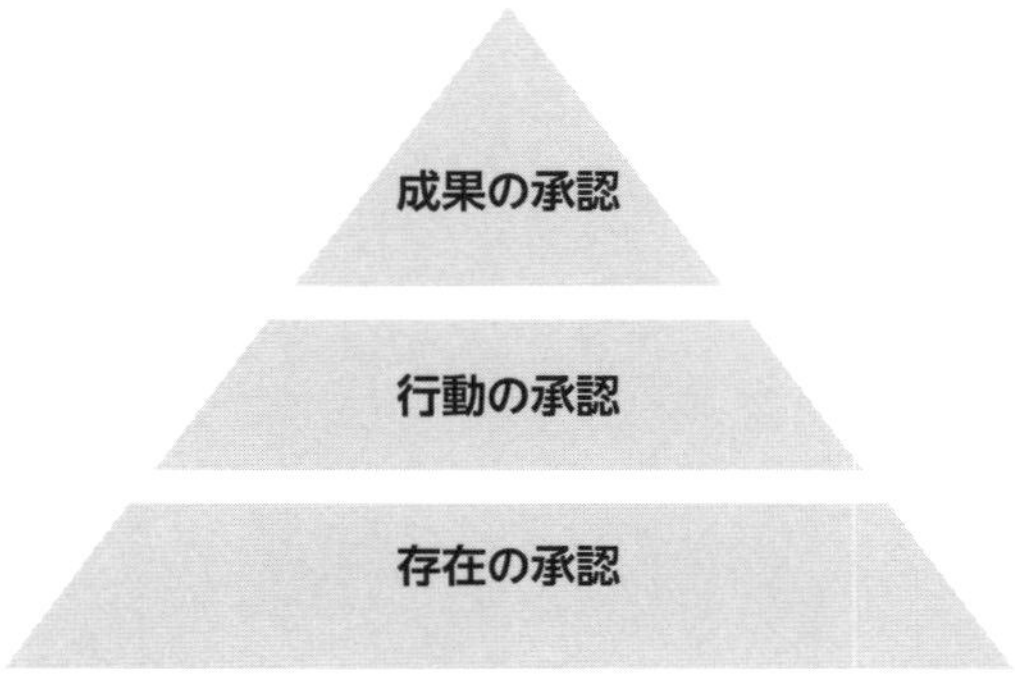

果の如何に関わりなく、純粋に行動自体を承認する」ことです。例えば、「今日は2駅歩いて出勤したんだね」「栄養バランスを考えて食事をするようになったね」「朝のウォーキングを追加したんだね。そういうチャレンジすごくいいと思うよ」など、本人が行った行動や成長に対して承認を示します。

そして、3つ目が成果の承認です。「営業成績が上がったね。がんばったな」「プレゼンの勝率が80％を超えたなんてすごいじゃないか」などがその一例です。

ともすると、リーダーは3つ目の成果の承認のみをしがちです。しかし、成果だけではなく、メンバーのがんばりや努力といった行動や成長を、そしてそもそもあなたの存在そのものを承認しているということをメンバーに伝えてください。心と体はつながっています。BQリーダーはそのことをしっかりと理解し、3つの承認を心がけていただきたいと思います。

❺維持期 ～仕事のパフォーマンス向上という次のステージを目指す

行動変容モデルの最後が、この「維持期」となります。

無理なく自己効力感を持って本人の意志で継続できるようになれば、健康における行動変容は成功といえるでしょう。ただし、ＢＱにおいてはその先の「健康な体心脳がもたらす仕事におけるパフォーマンスの向上」がゴールであることを忘れてはなりません。

ＢＱリーダーは、健康への努力や「自分は変われる」という自己効力感を仕事のパフォーマンスの向上につなげるという次のステージへとメンバーたちを導いていきましょう。

第5章

VUCA時代にこそ生かすBQリーダーシップ

企業がVUCA時代を生き抜く切り札となるもの

VUCA時代に企業が生き残るためのポイントとは？

ご存じのように、私たちが今生きている時代は「VUCA時代」と称されています。VUCAとは、Volatility（変動性）、Uncertainty（不確実性）、Complexity（複雑性）、Ambiguity（曖昧性）という4つの単語の頭文字をとった造語で、あらゆるものを取り巻く環境が複雑性を増し、想定外の事象が次々と起こり、将来の予測が困難な時代を意味しています。

もともとは1990年代に米軍で使われるようになった軍事用語で、冷戦の終結により複雑で混沌とした時代を迎えることを表した言葉だったそうですが、2010年代にダボス会議（世界経済フォーラム）などの経済会議で使われるようになり、現在ではビジネスの世界で用いられるようになっています。

激動の現代社会を表現するこのVUCAというキーワードは、新型コロナウイルス感染拡大に翻弄される今日の状況にも当てはまります。前述のように、コロナ禍という想定外の事象は、私たちに働き方そのものの変革を迫りました。新型コロナウイルスの影響を受け、多くの企業が新たな働き方、すなわちリモート環境を前提とした働き方や人材育成への適応を模索しているのは周知の通りです。

また、経済がグローバルにつながる中、日本企業が生き残っていくためには世界を相手に闘わなければなりません。しかも、デジタル化の進展によって技術革新のスピード化が進み、合わせて市場ニーズの変化も速まっています。

そうした市場ニーズに迅速かつ的確に対応するには、さまざまな立場や価値観を持つ社員から生み出されるアイデア、多様性あふれる社員の協働による新たな価値の創造、DX（デジタルトランスフォーメーション）人材の育成などが不可欠となります。また、働き方改革においても女性や外国人の活躍が推進されています。

こうした流れを受け、近年ではダイバーシティ&インクルージョン（Diversity & Inclusion）――個々の違いを受け入れ、認め合い、生かしていくこと――を重要な経営戦略の一つとして位置づける企業も増えています。このように、社員の多様性や強みを生かすことも、VUCA時代に企業が生き残るためのポイントとなるわけです。

ＶＵＣＡ時代だからこそ着目すべきＢＱという考え方

こうした状況の変化に伴い、ビジネスパーソンにも新たなスキルを身につけることが求められているといえます。

その一つが、仕事におけるパフォーマンスを最大化するスキルです。かつての日本企業では成果を出すために残業するのは当たり前でした。しかし、残業自体が制限される現在では、仕事におけるパフォーマンスを最大化し、限られた時間の中で効率良く成果を出すことがより求められているのです。

二つ目は、課題発見のスキルです。将来の予測が困難なＶＵＣＡ時代においては、上司も含め誰も何が課題なのかの明確な答えを持ち得ていません。そうした中で、課題発見ができるスキルを身につけることは現代のビジネスパーソンにとって不可欠といえます。従前の日本企業では上から与えられた仕事をこなしていればよかったかもしれませんが、そんな時代はとうの昔に過ぎ去ったのです。

三つ目は、多様なメンバーをまとめ成長を促すスキルです。前述のように、企業がＶＵＣＡ時代を生き残っていくためにはダイバーシティ＆インクルージョンの考え方が重要となります。今後、企業には性別や年齢、障がい、国籍、ライフスタイル、価値観などが異なる多種多様なメンバーがさらに増えていきます。そんな多様なメンバーをまとめ成長を促すスキルも重要性を増していくでしょう。

ここまで本書を読み進めてきた読者の皆さんならばすでにおわかりだと思いますが、仕事におけるパフォーマンスを最大化するスキルはもちろん、課題発見や多様なメンバーをまとめ成長を促すスキルを身につけるにも、その基盤となるのはBQ(身体知能)です。

VUCA時代の今だからこそBQに着目すべきであり、さらにいえばチームや組織のパフォーマンスを最大化するBQリーダーシップは企業がVUCA時代を生き抜くための切り札になるのではないでしょうか。

次章からは、このようなVUCA時代においてBQリーダーシップをどのように発揮していくべきか、それぞれのケースに応じて解説していきます。

テレワーク環境下で求められるBQリーダーシップとは？

オンラインでどのようにBQリーダーシップを発揮するか

まずはコロナ禍で急速に普及・定着し、これからの働き方の定番となり得るテレワーク環境下で求められるBQリーダーシップについて見ていきましょう。

前述のように、テレワーク環境下では自らの食事や運動、睡眠をどのようにマネジメントするかが個人の意識により委ねられるようになるため、ビジネスパーソンのBQにはこれまで以上に格差が生まれると考えられます。すなわち、高い意識を持てる人は健康管理に努めBQがさらに向上する半面、そうでない人は生活習慣が乱れてBQがどんどん低下する可能性があるということです。

BQリーダーもこれまでは対面で話をしたり、業務中の様子を職場で観察したりすれば、メンバーの体調の良し悪しなどが推察できましたが、オンライン上のやりとりではそうした観察が難しいといえます。

だからこそ、BQリーダーはこれまで以上にメンバーとコミュニケーションを図っていただきたいと思います。メンバー全員でのオンラインミーティングを毎日開催し、仕事に関する情報共有やディスカッションを行うのはもちろん、BQに関するそれぞれの取り組みや課題、解決策の共有なども図っていきましょう。

また、メンバー全員でのミーティングに加え、1on1ミーティングもぜひ実施してください。ご存じように、1on1ミーティングとは上司と部下が1対1で行う対話のことです。1対1の対話というと、半期や年に一度の評価面談を想像する人もいるかもしれませんが、1on1ミーティングは1〜2週間に1回、30〜90分程度かけて行うのが一般的といわれています。すなわち、短いサイクルで定常的に実施するのが通常の面談との大きな違いということです。

評価面談とのもう一つの違いは、その目的にあります。評価面談は、上司が部下に対して一方的に指摘・指示するのが一般的でしょう。しかし、1on1ミーティングの主役は部下であり、部下自身が自主的に課題解決の方法を考えて行動できるようサポートするのが目的なのです。BQリーダーの皆さんは、こういうオンライン化の状況だからこそ、たとえ5分でもよいので、メンバー一人ひとりとオンライン1on1

ミーティングを行ってみてください。

1on1ミーティングにおけるBQリーダーの役割は、基本的に対面時と変わりありません。第4章で解説したように、「質問、傾聴、承認(共感)」というコーチングの3つのスキルを繰り返し行いながら、部下自身が自主的に課題解決の方法を考えて行動できるようサポートしていきます。

対面時に比べてオンラインでは自分の考えや思いを言いにくいと感じるメンバーもいるかもしれません。そうしたメンバーに対しては、BQリーダーから自己開示をし、悩みや課題を打ち明けやすい雰囲気をつくることも大切です。前述のように、著者は新型コロナウイルスの感染拡大によって研修やセミナーが一気に延期になったとき、どれだけエネルギー消費量に気を配っても徐々に体重が増加する傾向にあり、その原因は「声」、すなわち「発声によるエネルギー消費の減少」であることを発見しました。このように、BQリーダーの皆さんもテレワーク環境下での自分自身の課題や解決のための施策、取り組み状況、新たな発見などを開示し、メンバーが自己開示しやすい雰囲気をつくってあげてほしいと思います。

もう一つ、メンバー全員でのミーティングにおいても、1on1ミーティングにおいても留意していただきたいことがあります。それは、BQリーダーは自らのエネルギーレベルを最高に高めてミーティングに臨むということです。皆さんも実感されていると思いますが、オンラインはやはり対面に比べて人間のエネルギーが伝わりにくいといえます。言い換えれば、対面と変わらないエネルギーレベルではBQリーダーの考えや思いなどが伝わりにくいということです。発声はもちろん、表情や身振り手振りなどを対面以上に元気にダイナミックにし、自分の考えや思いをしっかり伝えるように心がけましょう。BQリーダーであるあなたの元気でエネルギーに満ちあふれた姿は、画面を通じて一人ひとりのメンバーにも元気とエネルギーを与えるはずです。

With・Afterコロナ時代には、テレワークが働き方の一つの定番となり得ると考えられます。対面時はもちろん、テレワーク環境下においてもBQリーダーシップを十二分に発揮できるよう、オンライン上でのコミュニケーションの活性化と信頼関係の構築に力を注いでいただきたいと思います。

社員のエンゲージメントの低下をいかに防ぐか

ご存じの方も多いと思いますが、メガネチェーン店JINSが2016年に発表した調査結果では、仕事に集中するはずのオフィスが実はもっとも集中力を発揮できないということが明らかになっています。

一方、厚生労働省『情報通信白書 平成29年版』では、テレワークを導入している企業は、導入していない企業に比べて、直近3年間に業績が増加傾向にある企業の比率が高くなっており、その要因はテレワークの導入によって労働生産性が向上したためと考えられるとしています。また、労働生産性向上を目的にテレワークを導入した企業の8割以上がその効果を実感しており、社員も5割以上がテレワークによって生産性が向上したと感じているということです。このようにテレワークは自分およびチームの生産性に悪影響を与えないどころか、むしろ向上に寄与する可能性が大きいといえるのです。

その半面、テレワークの普及・定着により懸念されることもあります。重大なのは、テレワークにより上司や同僚などとのコミュニケーションが希薄になり、その結果としてチームや会社に対するエンゲージメント（愛着・思い入れ）の低下が起こることです。BQリーダーはテレワーク環境下でチームの生産性向上を図ると同時に、メンバーのエンゲージメントを高めることにも力を注ぐ必要があります。

では、エンゲージメントを高めるためにはどうすればよいのでしょう？

エンゲージメントを高めるための重要な要素としては、「①ビジョンへの共感」「②

やりがいの創出」「③働きやすい環境づくり」「④成長支援」の4つがあります(図34)。

「①ビジョンへの共感」は、エンゲージメントを高める上で不可欠な要素です。会社が進むべき方向性を示し、そのビジョンに社員が共感するからこそ、会社への愛着心が生まれ、自分の仕事の目的も明瞭になります。BQリーダーは会社やチームのビジョンをこれまで以上にメンバーたちにしっかり伝え、メンバーたちの理解と共感を得るように努めましょう。

「②やりがいの創出」には、給与アップや福利厚生の充実、業績表彰の実施などが考えられます。また、メンバー

図34 エンゲージメントを高めるための4つの要素

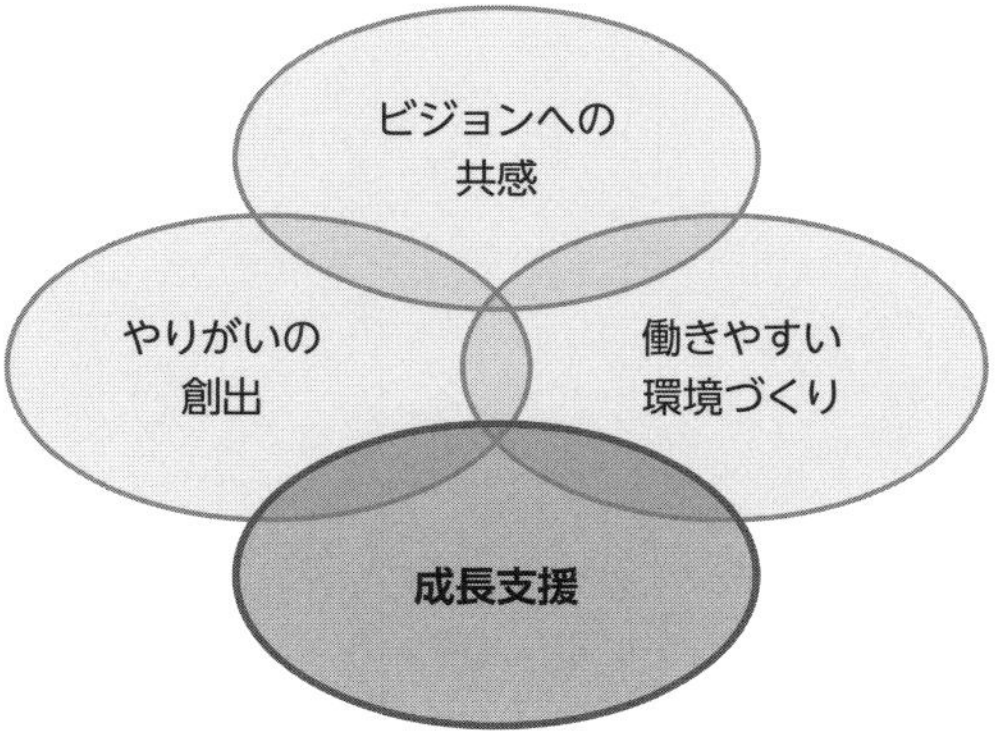

一人ひとりの経験やスキルに応じた適材適所の推進、権限委譲による若手のやりがい創出などの施策も有効でしょう。BQリーダーは自分の仕事や権限を積極的に若手に委譲し、メンバーのモチベーションややりがい向上を図っていくことが大切です。

「③働きやすい環境づくり」については、メンバーのワーク・ライフ・バランスの向上に加え、コミュニケーションのさらなる活性化を図ることで、会社への愛着心を醸成していくことが大切です。

そして、著者がもっとも大切だと思うのが「④成長支援」です。会社への愛着や仕事への熱意を生み出すには、メンバー一人ひとりが自分の成長を実感することがなにより大切であり、BQリーダーにはその支援をしていただきたいと思います。

そのための具体策は、第4章の「メンバー一人ひとりの健康にアプローチする」の項で解説した「承認」です（158ページを参照）。すなわち、メンバー一人ひとりの「存在」「行動」「成果」の3つを認めるということです。

そして、前述のように、その中でもっとも大切なのはメンバーの存在そのものを承認すること、「あなたがいてくれるだけで私はうれしい」ということを全身で伝えることです。その上で、メンバーの行動を認め、最後に成果を承認する。これを繰り返し行うことで、メンバー一人ひとりの成長を促していきます。

多様性あるチームをまとめる全世界・全世代共通のフレームワーク

「年上の部下」と感謝と貢献の関係性を築く

前述のように、VUCA時代においては性別や年齢、国籍、ライフスタイル、価値観などが異なる多種多様なメンバーがさらに増えていくでしょう。

特にこれから増加すると考えられるのが、70歳まで定年が延長されることによる「年上の部下」の存在です。

バブル経済（1980年代後半〜90年代初頭）が崩壊し、企業の拡大成長路線が破綻を迎えたころから年功序列・終身雇用制度は徐々に崩れ始め、これまでも年上の部下の存在はそれほど珍しいことではありませんでした。しかし、役職定年や定年後の再雇用、あるいは再就職などで、これからの職場では年上の部下がどんどん増えてくることが予想されます。

では、皆さんが年上の部下を持ったとき、BQリーダーとしてどのような考え方と行動をとるべきなのでしょう？

第1章でもお話ししましたが、仕事におけるパフォーマンスが水面に表れている氷山の一角だとしたら、それを水面下で支えるのは「経験」「知識」「スキル」「マインド」という4つの要素です。そして、その4つの要素においてはやはり年上である部下のほうが優っているでしょう。まずはその点について大いにリスペクトすべきだと思います。しかし、体調や体力、体質といったBQ面においては、年齢的に見ればあなたのほうが優っているはずなので、少なくともエネルギーレベルでは年上の部下に負けないようにしましょう。万が一にもBQ面において年上の部下に負けていると気づいたら、速攻で改善に向けた行動をとってください。

このように、年下の上司、すなわちあなたは年上の部下に対し、BQ面では負けないという気持ちを持ちながら、経験や知識、スキル、マインドの面で優っている年上の部下にリスペクトと感謝の念を抱いて、年上の部下がそれらを存分に生かせるよう支援していくことが大切です。

また、いつかあなた自身が年上の部下になる日が来ることもあるでしょう。

そのときは、体力面などで自信をなくしたりせずに、自分が持っている経験や知識、スキル、マインドを良い状態に保ち、かつそれらを身につけさせてくれた先輩たちに感謝の念を抱きながら、今度はそれを自分が若い世代に渡していくことで大いに貢献していただきたいと思います。

年下の上司は年上の部下に感謝と尊敬の念を抱き、年上の部下は年下の上司に貢献する気持ちを持つ。すなわち、感謝と貢献の関係性を構築していくことがグッドサイクルを回す秘訣であり、そうした関係性を構築していくことも50代のビジネスパーソンに求められるBQリーダーシップの一つといえるのです。

「年上の部下」をBQ面からサポートする

あなたが年上の部下を持ったとき、BQリーダーとしてもう一つ取り組んでいただきたいのが、年上の部下をBQ面からサポートすることです。

年上の部下は確かに経験や知識、スキル、マインドを持っていますが、それらを最大限に発揮するにはやはりBQという基盤が強くなくてはなりません。「相手のほうが年上だから、健康維持・向上に関する知識も当然豊富なはずだ」などと思い込まずに、積極的にBQ面からのアドバイスを行いましょう。

例えば、「加齢によって筋力が落ちることでつまずいたり骨折したりしやすくなるので、日々の生活に簡単なスクワットを取り入れてみてはいかがですか」「筋力を維持するためにも、牛肉などたんぱく質をもっと摂取するようにしてくださいね」などの情報を積極的に伝えるとともに、BQの考え方やあなた自身の取り組みについても話し自己開示に努めます。

年上の部下がBQ向上に興味・関心を示したら、第4章の「メンバー一人ひとりの健康にアプローチする」の項で解説した「行動変容モデル」に基づき、まずは「S.M.A.R.T.ゴール」を活用して目標設定を行い、その後も実行期、維持期と年上の部下がしっかり進んでいけるように支援していきます。

このように年上の部下のBQ向上を積極的に支援することで、年上の部下およびチーム、ひいては組織のパフォーマンス向上につなげていきましょう。

BQリーダーシップで外国人メンバーとの相互理解を図る

もう一つ、今後より急激に増えると考えられるのが、チームに外国人メンバーが加わる、あるいは多国籍チームが編成されるといったケースです。

言語も、文化も、宗教も、ライフスタイルもさまざまな人たちがわかり合うのはなかなか難しいものですが、多種多様な人たちが相互理解を深める一つの方法としてBQは有効であると私は考えています。

さまざまなスポーツの世界選手権やインターナショナルな大会などを思い浮かべていただければ明らかですが、言語や文化の違いを超えて互いに認め合い、理解し合い、感動し合えるものの一つに、同じ人間として体を鍛え動かすことがあります。すなわち、外国人メンバーたちと相互理解を深めるためにもっとも有効で手っ取り早い方法は、例えば腕相撲で勝敗を競ってみたり、腕立て伏せや腹筋の回数を競争してみたりといった、いわゆるBQ面からのアプローチではないかと思うのです。

言語や文化が違っても、BQという軸でコミュニケーションを図ることができるでしょう。また、勝敗や順位をつけることで互いの健闘を称え合い、リスペクトする気持ちが生まれるのではないでしょうか。

個人的なお話を少しさせていただくと、2020年3月に陸上自衛隊唯一の落下傘部隊「第1空挺団」に史上初の女性隊員が誕生したというニュースが流れました。有事で最前線に立つ精鋭部隊に入隊するためには、腕立て伏せ80回（2分間）、腹筋70回

（2分間）、懸垂30回（2分間）などの厳しい基準があるということで、初の女性隊員誕生というニュースに感動を覚えた私はその基準に挑戦してみることにしました。

初日は腕立て伏せも腹筋も2分間で60回程度、80回、70回には到達しませんでした。しかし、2日目になったら65回、3日目には70回といったようにできる回数が着実に増えていくのです。このように、いくつになっても自分の体は変えられると実感できる試みを著者は日々試しています。

BQリーダーの皆さんも興味のあることをどんどん試し、自らのさらなるBQ向上を目指していただきたいと思います。あくまで一般論ですが、日本人よりも欧米人のほうが体力や筋力に重きを置く傾向が強いと考えられるため、リーダーのあなたが驚くような実力を見せることができたなら、その後のコミュニケーションもきっとスムーズに進むでしょう。

年上の部下や外国人メンバーなどが増加し、多様性あふれるチームを率いるとき、BQリーダーは一つの軸としてBQ面からのアプローチを試みてください。BQという全世界・全世代共通のフレームワークを活用することで、リーダーとしてチームをうまくまとめていくことができるのではないでしょうか。

2045年のシンギュラリティ以降、BQはさらに重要となる

頭を使う仕事は残り、体を使う仕事は減る

VUCA時代の到来をもたらした最大の要因の一つに、IT技術の加速度的な進化があります。IT技術の進化により、これまで私たち人間が行っていたさまざまな業務や作業がAI（人工知能）やRPA（Robotic Process Automation）に代替されるようになりました。そして、2045年にはAI（人工知能）が人間の脳を超えるシンギュラリティ（技術的特異点）に到達するといわれています。

こうした中、2013年に英国オックスフォード大学の准教授であるマイケル・A・オズボーンが発表した論文「雇用の未来――コンピューター化によって仕事は失われるのか」では、AIの進化により10～20年後にはアメリカの雇用者の47％が職を失う可能性があるとしています。

また、研究チームは10～20年後になくなる仕事・残る仕事を予測しており、なくなる仕事としては「電話販売員（テレマーケター）」「保険業者」「銀行の新規口座開設担当者」「データ入力作業員」などをあげています。一方、残る仕事としては「メンタルヘルス・薬物関連・ソーシャルワーカー」「聴覚訓練士」「栄養士」「セールスエンジニア」などがあげられています（松尾豊『人工知能は人間を超えるか――ディープラーニングの先にあるもの』［角川EPUB選書］より）。

すなわち、単純な仕事はどんどんAIにとって代わられていき、一方で適宜判断を求められマニュアル化しにくい、あるいは人間の感情面に関わるような仕事は残るということでしょう。もっと簡単にいえば、頭を使う仕事は残り、逆に体を使う仕事はどんどんなくなっていく可能性が高いということです。

AIの進化は、生命体として不健康になる危険性を意味する

体を使う仕事が減っていくということは、体を動かさなくてもよくなるということです。そして、そうした環境下に身を置くことで、私たち人間はいつしか体を使うことを忌避するようになっていくのかもしれません。

それはすなわち、生命体として不健康になる危険性が高まることを意味します。だからこそ、長期的な視点に立って、自らのＢＱを意図的に高めていく、さらには自分の部下や家族に対しても健康の維持・増進を図るアプローチを行っていく必要があるのです。

また、頭を使う仕事は残るといいましたが、これまで何度もお話ししたように脳と心と体は密接につながっています。つまり、脳を働かせるためには十分な酸素が必要となり、その酸素を運ぶ血液循環を良い状態に保つには、やはり体、すなわちＢＱが重要となるということです。

シンギュラリティの時代へ向かう中、すぐにではないもののＢＱの向上を図ることの困難はより増していくと予想されます。しかし、そうした時代だからこそ、私たち人間はＢＱについてより深く考える必要があるとともに、ＢＱリーダーシップをしっかり発揮していくことがますます重要となってくるのです。

最強のビジネスパーソンになって、次世代にバトンを渡す

私たちを取り巻くすべてのものは矛盾に満ちている

自分の「体」――。

それは、自分が生まれ育った国の文化や社会、経済、慣習など、自分を取り巻くすべてのものを濾過した最終形だと著者は考えています。

そして、それら自分を取り巻くすべてのものは矛盾に満ちていて、さらに著者自身もまた矛盾だらけなのですが、私たちはそのことにあまり気づいていません。

例えば経済でいえば、国が経済成長を続け人びとが豊かさを享受するためには、新しい商品・サービスを生み出すことにより、新たな需要が創出されることが必要です。言い換えれば、経済成長を続けるには、本来ならば必要のない商品・サービスを生産し、需要を際限なく増加させなければならないということです。

その経済成長を支え、新たな商品・サービスを生み出しているのが企業です。そして、私たちはあるときは消費者であり、またあるときは企業の一員として商品・サービスの提供者であるという両側面を持っているわけです。

言うまでもなく、企業は顧客に購入してもらうためのさまざまな仕掛け・工夫を講じており、それが皆さんよくご存じのマーケティング活動です。特にこのモノ余り時代、飽食の時代には、必要でもない、欲しくもないと思っている商品・サービスをいかに顧客に購入してもらうか。そのために企業は、メディアなどと連携しながら知恵を絞り、さまざまなマーケティング活動を展開しているのです。

街中や電車の中、テレビ、雑誌、インターネットなど、あらゆる場所に企業から発信される情報（広告）が存在します。中には一見広告とはわからないものもあり、私たちの頭の中には無意識のうちに商品やサービスの情報がインプットされている状況です。

また、お菓子や日用品、雑貨、医薬品、パーティーグッズなど、あらゆる商品が棚や壁、通路までびっしり積み上げられ、迷路のようになっているディスカウントストアを利用しておられる方も多いでしょう。

顧客サービス向上のために豊富な品揃えをしているというのは、確かに一つの側面といえます。

しかし、別の側面から見たらどうでしょう？　人は情報が多いと思考停止をしてしまう動物ともいわれます。そして、情報の過多が続くと、人間は理性的に考えられなくなり、その結果、衝動買いをする可能性が一気に高まるといわれているのです。これがマーケティングです。すなわち、必要もない、欲しくもないものを顧客に購入させる仕掛け・工夫がマーケティング活動の一側面だということです。

われわれが豊かさを維持し、経済成長を続けるには、本来ならば必要のない商品・サービスを生産し、需要を際限なく増加させるサイクルが必要であり、仮にその発端がイギリス産業革命を機とする資本主義経済の誕生にあるとしたなら、私たち人類は約300年もの間そのサイクルを回し続けていることになります。

ですから、必要でもない、欲しくもないと思っているものは買うな、メーカーのマーケティング戦略に踊らされるなどと言うつもりは毛頭ありません。

ただ、世の中のことには、ある側面から見ると良いことでも、ある側面から見ると決してそうではないこと、すなわち矛盾にあふれているという両面を改めて認識していただきたいと思うのです。

健康アピールポイントの裏に潜む不健康情報

日本では、あらゆるメディアで毎日のように「健康になるための情報」が発信されています。

食品や運動器具にも健康効果を謳った商品がたくさんあり、私たちは日々そうした広告を目にします。また、健康食品やサプリメントだけでなく、さまざまな食品に「トクホマーク」や「カロリーゼロ」「糖質オフ」などの表示やキャッチコピーがつけられ、それにひかれて購入している人も多いはずです。

しかし、ここにも矛盾があります。例えば、パッケージに「1日分の食物繊維配合」「カルシウムたっぷり」などと表示され、いかにも体に良さそうなシリアルやグラノーラなどがあります。ただ、前述の通り、別の側面から見ると「体に良い」だけではない一面も見えてきます。

例えば、商品によって砂糖が大量に使われているものもあります。また、食塩も多く使われています。砂糖や塩で十分に味つけされているからこそ、牛乳やヨーグルトをかけても味がしっかりしているのです。

また、トランス脂肪酸を多く含んでいたり、着色料などの添加物が多数加えられている商品も見受けられます。

健康アピールポイントが強調されている場合、その裏側には不健康情報が潜んでいる可能性が高いといった矛盾にも気づいていただきたいと思います。


そして、私たち人間もまた矛盾の塊といえます。例えば、健康に気をつけたいと言いながらタバコがやめられなかったり、ダイエットしたいと言いながらケーキバイキングに行ったり、理性的な部分がありつつも、理性とは正反対の感情が作動する部分があるのは皆さんもおわかりだと思います。

私たちは自己矛盾している生き物なわけです。ただ、その行動を自分で正当化しているため、体に悪いことをしているという感覚もなく、日々を過ごしているのです。

矛盾が混ざり合った成果物が「自分の体」と理解する

このように、自分を取り巻くすべてのものには矛盾があり、自分自身もまた矛盾だらけで、それは仕方のないことだと納得した上で、こうした矛盾が混ざり合った成果物が「自分の体」なのだということを理解していただきたいのです。

すなわち、自分の生き方や考え方、行動などのすべてが、最終的には自分の体に表れるということです。逆にいえば、体が健康な人は体だけでなく、生き方や考え方、行動のすべてが健康であり、不健康な人は体だけではなく、生き方や考え方、行動のすべて、あるいはいずれかが不健康な可能性が高いといえるでしょう。

そして、不健康になる原因の一つは、自分を取り巻くものの矛盾に気づかず、与えられる情報をただ鵜呑みにする〝情弱さ〟にあります。

与えられる情報を鵜呑みにし、「もしかしたら良い商品なのかもしれない」「買っておいたほうがよいのではないか」と購買意欲を刺激され、本来なら買わなくてもよいものを購入してしまっているケースが多いと思うのです（著者も当然たくさんあります）。

そして、それがもし自分の体に入る食品だったらどうでしょう？

第3章で毒を食らうぐらいのタフさを持ち合わせよと語りましたが、企業のマーケティング戦略に踊らされ、自分の体に合わない食品や飲料を過剰に購入してしまい、健康を損なう結果につながっていたとしたら、それは看過できない問題ではないでしょうか。逆に、そのことに気づき、耳触りのよい謳い文句に惑わされず、本当に自分の体に合っている商品なのかをしっかり吟味したら、体は確実に変わるはずです。

最強のＢＱリーダー、最強のシニア・ビジネスパーソンとは、体調や体力に優れていることはもちろん、自分たちを取り巻くすべてのものには矛盾があるという大局的な視野を持った上で、自分の体にとって本当に必要なもの、欲しいものを自分自身で判断できる人のことだと著者は考えています。

そして、読者の皆さんには、最強のＢＱリーダー、最強のシニア・ビジネスパーソンとして、こうした大局的な考え方もひっくるめて、本書でお伝えしたＢＱのすべてを次世代に伝えていっていただきたいと心から願っています。

次世代のビジネスパーソンが70歳あるいはその後もビジネスで活躍できるように、そして人生１００年時代を最後の瞬間まで精一杯生き抜くことができるように——、バトンを渡すのは他でもないあなたなのです。

おわりに

最後までお読みいただき、誠にありがとうございます。

日本では少子高齢化や人口減少についてネガティブに語る傾向がありますが、少子高齢化のプロセスの先頭を走る日本は世界のトップランナーだとポジティブに考えることもできます。人生１００年時代、70歳定年時代をポジティブにとらえ、国民の仕事健康寿命の延伸を図ることで豊かさや幸福を維持・向上させるという、人類初の壮大なチャレンジに私たち日本人は先頭を切って挑もうとしているのだと考えたいものです。

さらにいえば、人生１００年時代、70歳定年時代を迎える中で、「老化」といった言葉や概念はもはや不要なのではないでしょうか。言葉や概念があるからこそ、私たちは「自分は老化している」と自分自身に刷り込んでいくのです。

50代の皆さんの心の辞書には普段から強く意識している言葉の一つとして「老化」

があるかもしれません。一つのご提案として、ぜひその辞書から今すぐに「老化」という言葉を削除してください。そういうネガティブな言葉を自分の辞書から捨て、前を真っすぐに向いてポジティブに歩み始めましょう。

いくつになっても、体は変えられます。体が変われば、心が変わります。心が変われば、思考が変わります。思考が変われば、行動が変わります。行動が変われば、習慣が変わります。私たちは人生の最期のその瞬間まで自分を変えることができるのです。

50代のビジネスパーソンの皆さん、死の翌日まで狩りをするぐらいの意気込みでがんばりましょう（笑）。

日々多大なご助言をいただいているギビングツリーパートナーズ株式会社代表取締役 中川繁氏、SMARTキャリア代表 阿部ゆか氏、トライアスロン選手（オリンピック強化選手）杉原賞紀氏、エース栗原正明選手、一般社団法人まなびやアカデミー代表谷口秀人氏、株式会社Cogito代表 廣居朋也氏、ライフスタイリスト 北條久美子氏、株式会社大きな木代表 小笠原和葉氏、オフィス・ヨガ講師 山口つぐみ氏に心から感謝いたします。

日ごろの研究で叱咤激励くださる早稲田大学スポーツ科学部 舟橋弘晃先生、同志社大学スポーツ健康科学部 庄司博人先生、亜細亜大学経営学部 石黒えみ先生、明治大学商学部 澤井和彦先生、大阪大学人間科学研究科 平井啓先生、早稲田大学スポーツ科学部教授 間野義之先生、いつもありがとうございます。

最後に、本書の執筆活動を支えてくれたプレジデント社の金久保徹さん、ピッタリと息が合った編集をしていただいた桑原奈穂子さん、弊社スタッフの佐藤美咲、佐久平正雄、井上洋市朗、田中優衣（ユイマール）、米元里樹（リッキー）、佐伯実樹、藤井崇、青木美保子、鈴木祐子に感謝の意を伝え、筆をおきたいと思います。

2020年12月　和歌山県新宮市のゴトビキ岩を見上げる宿舎にて

ボディチューン・パートナーズ代表　阿部Ｇｅｏｒｇｅ雅行

70歳定年延長サバイバル
引退しちゃう人 引退しない人
～カギは「50歳」からのBQ（身体知能）向上にあり～

2021年1月19日　第1刷発行

著　者　阿部George雅行
発行者　長坂嘉昭
発行所　株式会社プレジデント社
〒102-8641
東京都千代田区平河町2-16-1 平河町森タワー13階
https://www.president.co.jp/　https://presidentstore.jp/
電話　編集　03-3237-3733
　　　販売　03-3237-3731
販　売　桂木栄一、高橋 徹、川井田美景、森田 巌、末吉秀樹

装　丁　鈴木美里
図　版　原 拓郎
校　正　株式会社ヴェリタ
制　作　関 結香
編　集　金久保 徹、桑原奈穂子

印刷・製本　大日本印刷株式会社

©2021 Abe George Masayuki
ISBN978-4-8334-5166-6
Printed in Japan

本書に掲載したイラストの一部は、
Shutterstock.comのライセンス許諾により使用しています。

落丁・乱丁本はお取り替えいたします。